D1692906

Franz Stelzhamer
Groß-Piesenham

Photographisches Portfolio
Gerhard Trumler

publication PN°1
Bibliothek der Provinz

Franz Stelzhamer
Groß-Piesenham

Photographisches Portfolio
Gerhard Trumler

herausgegeben von
Marius Huszar

Verlag
publication PN° 1
© Bibliothek der Provinz
Wien – Linz – Weitra – München
A-3970 WEITRA
02815/35594

ISBN 3 85252 044 4

printed in Austria
by
Schindler
A-3950 Gmünd

Vorrede

»Piesenham selbst ist ein Dutzend Häuser, links und rechts vom Wege verstreut, ohne Kirche, ohne Schenke. (...) Die Männer sind auf dem Felde bei der Arbeit. Das alte Weib aber, mit dem ich rede, weiß nichts von Stelzhamer. Ich frage sie, ob sie seine Lieder nicht kennt. Sie hat sie nie gehört. Ich sage ihr, daß ich eigens hergekommen bin, um, nur einmal im Leben, dieses Haus zu sehen, wo der größte Dichter, den unser Land hat, geboren wurde. Sie lacht grell auf, blickt mich hämisch an und wendet sich ab.«

Das schreibt der Kritiker und Kulturphilosoph Hermann Bahr in seinem 1902 erschienenen Feuilleton »Erinnerung«.

Für ihn, den erklärten Stelzhamer-Verehrer, muß es eine herbe Enttäuschung gewesen sein, festzustellen, daß das Werk dieses Dichters im eigenen Land, ja, im eigenen Dorf so gut wie unbekannt ist.

Das ist umso erstaunlicher, als Franz Stelzhamer gerade über jenes Dorf Groß-Piesenham, seinen Geburtsort, einen seiner schönsten Texte geschrieben hat.

Was diesen vor allem auszeichnet, ist die Distanz des Verfassers, die Distanz eines »Lange-Abwesenden« und »Wieder-Heimgekehrten«, dem die Erinnerung zwar manchesmal einen Tropfen Sentimentalität ins Tintenfaß träufelt (– vor allem dann, wenn die geschilderten Ereignisse ihn höchstpersönlich betreffen –), der aber die Menschen doch lange genug beobachtet und studiert hat, um sich und uns ein anschauliches Bild von ihnen machen zu können; kritisch, aber nicht ohne Anteilnahme.

Daß dieses »Bild« in Hochsprache »gemalt« wurde, dürfte wohl für so manche, die Stelzhamer nur als Mundartdichter gekannt haben, eine Überraschung sein – eine angenehme, wie wir glauben; denn in einer Zeit, in der z.B. das Medium Fernsehen auf plumpe, oft verfälschte Weise allwöchentlich Dorfgeschichten »erzählt«, wird ein Werk wie die vorliegende »Dorfchronik« zum notwendigen Dokument.

Und als solches ist diese Ausgabe von uns auch gedacht und beabsichtigt.

27. Juni 1994   Marius Huszar

Du kommst von Frankenburg her. Hast den ziemlich hohen waldigen Rücken, genannt Hausruck, glücklich passiert. Gerade vor dem Dorfe Feitzing brichst du, dem zeitigen Küchlein gleich, aus der dumpfdämmerigen Eischale des Waldes hervor in den hellen, sonnigen Gottestag.

Du bist im gesegneten Innviertel!

Nu, und da mag ich dir's wohl erlauben, daß du, wieder dem ausgefallenen Küchlein gleich, erstaunt aufschreist und ein paar zappelige Freudensprünge machest, denn – du befindest dich, wie durch einen Zauberschlag, jäh und auf einmal mitten im Gebiete unserer »Lieder« und dieser »Geschichten«.

Mache nur erst deine größeren und kleineren Rundblicke!

Wenn die Hauptweide vorüber, wenn du schon anfängst wählig zu werden, keine Sorge, dann bin ich auch schon zur Hand, um die feinen und feineren Gerichte zu servieren und zuletzt das köstliche Leckerbißchen vorzulegen.

Ganz recht, das dort unten, mitten im wogenden, wallenden Feldkessel, das mit dem fast schlanken, im Morgensonnenstrahl blitzenden Turm, ist unser Pfarrdorf Schildorn. Der Turm war früher nicht so blank und nicht so schlank, er hatte eine dunkelrote, dickgebauchte, vielleicht nicht ganz formschöne Kuppel, mit der noch ganz frischen Jahreszahl 1812. Zum Gedächtnis, daß damals ein jugendlicher, eifersvoller »Pfarrherr« (wie er sich selbst gern schrieb und nannte) dessen Renovierung veranlaßt hatte. Diese Zahl ist es auch, die in meiner Erinnerung feststeht. Allein diese Kuppel samt dem übrigen Turm und dem geräumigen Glockenhause dazu mußte in der Zwischenzeit dem gewaltigen Streich eines Donnerkeils erliegen. Ein starker, glaubensfester Pfarrbauer, der »Pötz von Pieret«, der sich alles Segens, bis auf den Kindersegen, zu erfreuen hatte, nahm bei Gelegenheit dieses Unfalles die Pfarrkinder an Kindes statt an und errichtete ihnen zum größten Teil aus seinem Säckel den gegenwärtigen, schönen, schlanken Turm. Den laternartigen Aufsatz deckte er mit eitel schimmerndem Glanzblech, so daß jetzt die bescheidenen Schildorner weithin in die Gegend glänzen und gleißen.

Weiterhin nach links erblickst du die Turmspitzen von Waldzell und Lohnsburg, zwei alte, aus grauer Kirchenzeit bewährte Gotteshäuser. Die Türme der anderen zwei Grenz- und Nachbarpfarreien, Pattigham und Eberschwang, sind von hier aus nicht sichtbar. Erstere deckt der steinige Eckelberg, die zweite ein sich vorstreckender Arm des ostwärts streichenden Hausruckwaldes.

Pramet, das geradeaus gelegene Filialkirchlein samt Schule, wird in seiner wahrhaft reizenden Lage erst sichtbar, wenn wir etwas tiefer gegen die Landschaft werden vorgedrungen sein.

Und nun, all die kleineren und größeren Ortschaften – zu beiden Seiten des lustig talablaufenden Sträßchens –, liegen sie nicht da wie kluge Wanderer, mehr zu vermuten als zu sehen, rastend, beschauend, mitten im kühlen Schatten von würzigen Obstbaumgruppen, so daß Eins ansteht, ob es ihrer Klugheit oder ihrer Empfindsamkeit den Vorzug einräumen soll!

Dein Aug' aber – ich bemerk' es mit Vergnügen – blickt vorzugsweise auf einen der rastenden Wanderer, der dort rechts unten so gar ruhig und langgestreckt, fast süß und selig im goldigsten Mittagssonnenbade dahinliegt – sein Haupt umspielet das wogende Saatfeld, Arme und Leib ruhen auf schwellenden, blumendurchwirkten Matten und über seine Füße rieselt kühlend die silberklare Flut eines fast frommen Bächleins! – Ja, so liegt es da, mein liebes, liebes Heim, mein teures Groß-Piesenham!

Aber wir wollen uns das liebe Heim nicht bloß aus der Ferne besehen, nein, wir wollen es in nächster Nähe. Wir wollen es sogar besuchen kommen und dann gehen von Haus zu Haus und uns überzeugen, daß Liebe und Gastfreundschaft in keinem fehle.

Haben wir auch nichts besonders Gutes, wir haben genug und nicht eben Schlechtes: gutes, d.h. echtes Roggenbrot, reinen, kräftigen Obstmost, ein Stück Selchfleisch vom gemästeten Schweine, Milch, frische Butter, Ei in Schmalz usw. usw., und das alles gewürzt mit Freundlichkeit und Wohlwollen – Herz, was willst du mehr!

*

Das Dorf Groß-Piesenham, wohl nur »groß« genannt zum Unterschiede und weil es wirklich größer ist als das über »feldwegs« gelegene Dörfchen Klein-Piesenham, ist für die dortige Gegend, wo nur große, weitgedehnte Einzelgehöfte (Meierhöfe, Huben, Wimmen) gang und gäbe sind, doch auch wirklich ein großes Dorf.

Es zählt nämlich über dreißig Nummern.

Und die Dörfler, im Bewußtsein ihrer räumlichen Grösse, teilen sich selbst – und das nicht ohne Stolz gegen Auswärtige, sogar unter sich – in Ober-, Unter- und Mitte-Dorf. Ja, dieses echt deutsche Sondergelüst und Sonderbündeln ging zu meiner Zeit, d. i. als ich und meine zwei Brüder dort das Knabenregiment führten, soweit, daß wir Unter- und Mitte-Dörfler-Buben gegen die etwas stärkeren Ober-Dörfler mehr als einmal in heller Kriegsflamme erloderten und uns mit »bösen Mäulern«, ja mit Prügeln und Steinen in den kleinen Fäusten förmliche mörderische Bataillen lieferten. Geschah es dann auch, daß von da- oder dorther der bange Ruf einer besorgten Mutter, der helle Pfiff eines erbosten Vaters Waffenstillstand und zeitweiligen Frieden stiftete, morgen, auf dem Heimwege von der Schule – wo nichts half –, entbrannte das Kriegsfeuer gewiß wieder, und das um so heftiger, heißer, als auch die weite, sammetweiche Wiese einen so geeigneten Kampfplatz abgab.

Auch war da der allzeit brauchbare und stets dienstfertige Bach, um ein etwaiges Schundmal oder ein blutendes Näschen darin zu baden und sauberzuwaschen.

Ferner noch der weite Feldweg, um ein gleichviel aus Zorn oder Schmerz tränendes Auge bis zur Heimkunft wieder trocknen zu lassen.

Die Mütter dann, welche zu Hause längst schon mit dem fertigen Mittagmahle – doch halt! Da war ich auf schönster Fährte, mir selbst in mein eigenes Gebiet einzubrechen, in das meiner vorhabenden Schulgeschichten nämlich; drum halt, halt! Das darf nicht sein, soll nicht geschehen, so schwer es auch sein mag in diesen meinen Dorferinnerungen, die so hart am benannten Gebiete hinstreifen, mich ganz von aller Antastung und Berührung frei und fern zu halten.

Allein, es soll sein und – ich will es, ich muß.

– – – Das große Dorf Groß-Piesenham also erfreut sich auch dreier Wege, um es hin und wieder auf- und niederwärts zu passieren. Mittendurch geht der nicht ganz mustergültige Fahrweg und Viehweg; dann außen herum noch je einer auf beiden Seiten, ein sogenannter »Fußsteig«, und das im buchstäblichen Sinne; denn man hat darauf unzählige Verzäunungen (Stiegeln) und nicht viel weniger Pfützenabläufe zu übersteigen. Allein, in den unterschiedlichen Zeiten des Jahres ist man einmal wegen größerer Trockenheit, das andere Mal der kühleren oder sonnigeren Lage halber so um den einen wie um den anderen von Herzen froh und im Wandel darauf seelenvergnügt.

Und wie gut ist es erst zu jeder Jahreszeit und bei jeder Witterung. Man hat z. B. gerade auf einen und den anderen Insassen einen kleinen »Faschee«, steht mit diesem und dem in einem augenblicklichen Verdruß, Zank oder Streithandel; schuldet dem Schneider, Schuster, Hafner, Tischler etwa eine Kleinigkeit und kann oder will nicht gleich zahlen. Wie gut, daß man ihm nicht aller Tage mehrere Male an seinen Fenstern, seiner Werkstätte vorübergehen muß, wie gut, daß man ihm auf einem der Wege ohne Auffallenheit und doch zuverlässig ausweichen kann!

Ja, die lieben, einfältigen Dörfler haben eben auch ihre Vorsicht und Staatsklugheit!

Wir aber, die wir uns vorderhand in keinem der zwei benannten Fälle befinden, wir spazieren, wie weiland die Herren Franzosen, von der Westseite her auf dem breiten Fahr- und Viehweg ins liebe Dorf hinein und hier durch und dann wieder hinaus –

Wieder hinaus? Jawohl, lieber Leser, du bist ja ein Städter, und dürfte es dir, trotz der Schönheit, im Dorf doch auf die Länge nicht sehr wohlgefallen, nicht ganz behaglich darin vorkommen! ...

*

Das Haus Nr.1 zur Rechten des Sträßchens gehört zur Zeit dem Tobias Wiesmaier. Ein braver, rechtschaffener Mann, der Tobias, hat Weib und Kind und befindet sich, wie der Glaube geht, in ganz guten, erfreulichen Umständen. Im Hinterhaus wohnen zwei alte, arme Leutchen, die wir, wie auch die Tobias' selbst, im Verlaufe unseres Buches schon besser und genugsam kennenlernen werden.

Des Tobias Nachbar links in seinem kleinen, fast in den tiefen Hohlweg davor versunkenen Häuschen ist ein armer kranker Mann; derselbe, Häuselhans genannt, war noch nicht alt, dennoch so ergeben in sein Schicksal und in den Willen Gottes – sieh! daß er eben eine dicke, fettgelbe »Schneckensuppe« nichtsdestoweniger emsigst aus einem verrußten Hafen hervorlöffelt, wie sie ihm die alte Brauersfrau in Pramet extra zugeschickt hat und weil dieselbe für seinen Zustand so besonders gut und heilsam sein soll!

Mag es schon gewesen sein, aber der gute, folgsame Hans ist doch bald darauf des Todes verblichen.

»Ei, es war halt mit ihm bereits zu weit gekommen gewesen, sonst – «, mehr wollte die Brauersfrau nicht behaupten, aber ihre Schmeichler und Bewunderer nickten mit ihren wackeligen Pagodenköpfen und – wußten genug.

Des gestorbenen Hans noch junge, hübsche Wittib hat dann übers Jahr wieder geheiratet und diesmal sogar den Sohn aus einem kleinen Bauerngütchen in ihr bescheidenes Ehegärtlein verpflanzen dürfen.

Der junge Besitzer hat dann das kleine, schlechte Häuschen vollends umgeworfen und hat sich ein neues, größeres dafür aufgebaut. Das schmale Fleckchen Lehmgrund darum hat er dicht mit jungen Baumsprößlingen besetzt, die jetzt über seinem Häuschen ihre Äste und Zweige zusammenschlagen, wie Eins, das sich verwundert oder entsetzt die Hände über seinem Kopf zusammenschlägt.

Der jetzige, Hansjörg, hat auch ein ganz anderes Brustteil als der vorige und dazu ein vortreffliches Redewerk. Wenn nur der kleinere Teil von dem wahr ist, was Hansjörg gelegentlich von seinen großen Handelsfahrten mit Töpfergeschirr und von seinen früheren Feldzügen als Mobilgardist zu erzählen weiß, so wird es auch sonst mit seiner und der Seinigen Wohlfahrt und Zufriedenheit schon recht sein!?

Wir werden dem putzigen Männlein im Verlaufe unseres Buches wohl hier und da begegnen und dann schon sehen und uns überzeugen.

Wer viel spricht, muß viel wissen oder – viel lügen, sagt ein altes Sprichwort.

*

Tobias (rechts), daneben Kullmann

Tobias

Kullmann

Kullmann

Kullmann

Grüabö Hafner, Häuslhans

Jonikl (Schusterbauer)

Rohrbauer

vulgo Rohrbauer

Tischlerbauer

Tischlerbauer

Bointwiese zwischen Siebengütl und Andrämann

Siebengütel (Stelzhamer Geburtshaus)

Siebengütel (Stelzhamer Geburtshaus)

Muadda Stubn (Stelzhamer Geburtshaus)

Zweimüller – an Stelle Melhartbauer

Des Tobias anderer Nachbar in gerader Richtung dorfaufwärts, von ihm durch einen ziemlich hohen Zaun – jedoch ohne feindselige Bedeutung – geschieden und abgetrennt, ist der Besitzer des ziemlich bunt und kraus aussehenden Kullmanngutes, Eitzinger mit Namen.

Das Gut zählt unstreitig zu den ersten und bessern im Dorfe, aber in seinem Aussehen in und außer Hauses möchte Eins das kaum vermuten. Es herrscht über dem Anwesen seit längerer Zeit nicht der rechte Stern. Des kleinen, fast immer in guter Hoffnung gehenden Weibleins erster Mann war dem leidigen Trunk ergeben und ertrank in einer »Flachsrösse« bei einem nächtlichen Heimgange vom Wirtshause, noch ehe ihn seine drei Kinder recht kannten.

Gott, war das ein Jammer! –

Dann dieses jetzigen Mannes Glück und Segen, wie schon gesagt, verwandelte sich an seinem Eheweib wieder nur in lauter – Kindersegen.

Wo man bei Kullmann hinblickte oder hinkam, wimmelte es: in der Stube von Kindern, im Hofraum von aller Art Hausgetier, um das Haus von allerlei Gerät und Unrat. Desungeachtet war der Kullmann ein stets wohlaufgelegter Mann, voll Spaß und Schalkheit mit seinen und anderen Leuten. Dabei war der Kullmann duldsam und nachsichtig mit dem Gebaren der jüngeren Generation, was wohl die Ursache sein mochte, daß an schönen Sommerabenden seine »Sonnbank« unter dem »Schrott« und Dachvorsprung vor allen andern im Dorfe gern besucht und voll besetzt war.

Wieviel von diesem Besuch etwa auf Rechnung seiner damals eben frisch und üppig heranblühenden Stieftochter Maria kam, weiß ich nicht wohl zu sagen. Ich war leider zur Zeit, von der ich erzähle, noch viel zu klein und unverständig, um solches zu beurteilen und zu entscheiden. Daß mir aber trotz meines kindischen Unverstandes die schwellende Tochter und das eine stets geschwollene Bein des Vaters doch nicht ganz einerlei waren, muß ich aus einem Akt boshaften Mutwillens abnehmen, indem ich einmal auf Marie zu unserer aller Belustigung eine Satire in Form eines Rätsels gezeichnet hatte, auf des Vaters Dickfuß aber keine!

Die gute schöne Marie war aber auch nicht glücklich, und fiel sie auch nicht, wie ihr unseliger Vater, in eine »Flachsrösse«, so tat sie doch einen Fall und verfiel einem früheren Tode.

Wüßt ich den Vorgang besser und ausführlicher, es wäre gewiß eine Geschichte, ebenso rührend als lehrreich, aber ich weiß sie nicht.

Wie ich später einmal schon auf Studentenferien nach Hause gekommen war, war Marie gestorben und ein weißhaariger Bursche vom Oberdorf, sonst die Fröhlichkeit selber, war still und traurig geworden. Er war, wenngleich der Erstgeborene, seines väterlichen Anrechts verlustig erklärt und mußte später als armer Löhner im nahen Kohlenschacht schwere, niedrige Arbeit verrichten.

Wenn er aber öfter recht ermüdet am Samstag abends von der Grube nach seinem gemieteten Kämmerchen zurückging, begegnete ihm wie zufällig auf dem Kieswege am Ellbrunnen ein junges Mädchen mit brennend schwarzen Augen, aber ebenso weißhaarig, wie er selbst einst gewesen war. Mit diesem seltsamen Mischling von Mädchen sprach er ein Weilchen, steckte manchmal etwas Übergebenes schnell und scheu in seine Brusttasche, ging dann sanft und stillächelnd von dannen und trug sein hartes Geschick ohne Murren und Wehklagen.

*

Kullmanns nächster Nachbar, wieder nach aufwärts, ist der Rohrbauer mit dem sonderbaren Geschlechtsnamen – Schuldenzucker oder Schusterzucker – , er wußte das selbst nicht recht. Der Rohrbauer, ein Bäuerlein von kaum mittlerer Größe nach außen, also im Innern notgedrungen von knappster Wirtschaft und äußerster Sparsamkeit.

Die Leutchen, bereits alt und verbraucht, haben erwachsene Kinder, aber alt und jung sind völlig ohne Ansehen und Beliebtheit im Dorf.

Die ganze Familie, die alte Bäurin ausgenommen, ist mit dem Erbübel des häßlichen Plattfußes behaftet, die eine Tochter noch überdies mit Blödsinn und einem hornartigen Auswuchs an der Stirne, einem Ding, nicht weniger zu eigenem als fremdem Anstoß, vorzüglich für mutwillige Kinder.

Ach, das arme »Klarl« (Klara) hatte viel zu leiden, wenn sie so irrwischartig dahinschwankte oder am Bach und Brunnen hantierte!

Aber den beim gähen Anblick fast unwillkürlich losbrechenden Mutwillen dämpfte stets ein geheimes Grauen – kein Wunder! Denn man munkelte – ach, wer kann gegen den Volksglauben – , die plattfüßigen Leute, wenigstens gewiß alle weiblichen solchen, müßten nachts Drudendienst verrichten! Und die Drude, das muß ich sagen, die stand damals und steht noch bei den Leuten unserer Gegend in festem, hochgefürchtetem Ansehen!

Das arme Klarl, wahrscheinlich geblendet von ihrem Stirngewächs und mit ihren unbehilflichen Platten schon am hellen Tage nur mühsam seine Wege wandelnd, sollte gar noch als Drude zu nächtlichen Wanderungen verdammt sein – o du unbarmherziges Schicksal im Gehirn des abergläubischen Volkes!

Anderseits aber, wie schon bemerkt, kam Klaren dieser Wahn auch gut zu statten, er schützte sie nämlich vor tausend Neckereien – wer sollte sich mit einer Drude ernstlich überwerfen und verfeinden? – Und die Unglückliche pilgerte wie jedes Andere, fernerhin völlig unangefochten, ihren engbegrenzten Lebenspfad.

Der alte Rohrbauer, von dem der unselige Plattfuß und ein eigentümliches, wirklich unheimliches »Geschau« herstammte und aberbte, ward auch allgemein der Unredlichkeit auf dem Felde und Wiesgrund geziehen. – Es hieß, er schmälere allenthalben mit seinem Pfluge die Ackerraine, ja verrücke sogar zum Nachteile des Angrenzers die Marksteine. Diese Untat – beiher gesagt – wird aber von unserem Landmann als eine so schwere Sünde bezeichnet, daß sie der unglückliche Begeher im Leben gar nicht abzubüßen imstande sei, sondern dessen arme Seele müßte nach dem leiblichen Ableben so lange an dem verrückten Mark weilen und leiden, bis jemand durch Wiederzurechtrichtung des Steines sie von ihrer Qual erlöse.

Sein Sohn, Michael, dem der Alte endlich das Gut übergeben hatte, bis auf seinen Plattfuß ein völlig untadelhafter junger Mann, mußte sich später doch auch wieder so weit verfehlen und um der Leute gute Meinung bringen, daß er einmal, weiß Gott aus welcher Ursache, seinen alten Vater mit Fäusten schlug, so sehr schlug, daß wir Kinder wie die großen Leute noch am Samstag abend, als wir um das Kornfeld beten gingen, des Alten Gesicht ganz blau und blutrünstig gesehen haben.

Ich erinnerte mich, weil ich damals in der Schule schon fleißig lernte, beim Anblick des geschändeten Antlitzes einer drohenden Bibelstelle für diesen Fall und konnte vor innerem Schauder um das ganze Kornfeld keine recht andächtige Sammlung gewinnen.

Später kam von anderswoher eine junge, frische Bäurin ins Haus, die mit ihren äußerst angenehmen, einschmeichelnden Manieren vieles darum und darin änderte und ebnete. An ihren zahlreichen Kindern, wovon ein paar Töchter sehr schön geworden sind, ist auch der fatale Plattfuß wieder zum großen Teil verschwunden. Ein Abkömmling von ihr, der seitdem auch schon wieder das Gut überkommen hatte, konnte sich sogar entschließen, sein väterliches Erbe zu vertauschen, von Haus und Hof zu scheiden und aus dem Unterdorf ins obere auszuwandern.

Dort gründete er nun als neues Haupt eine neue Familie. Das Rohrbauergut ist ebenfalls von Grund auf neu bepflanzt, aber ich weiß nichts mehr davon.

*

Durch eine kleine Wiesfläche mit etlichen Obstbäumen geschieden, beginnt das Gebiet des alten, wabbligen Tischlerbauers. Mit dem Worte »wabblig« und »wabbeln« bezeichnet unser Volk den Naturfehler des schnell und stoßweise Sprechens. Dabei geschieht es gemeiniglich, daß der mit diesem Fehler Behaftete ein oder mehrere Wörter zwei-, dreimal hintereinander spricht, jedoch so schnell und gestoßen, daß ihn der Hörer noch vielmals nicht recht verstehen kann, was oft zu den drolligsten Verdrehungen und Mißverständnissen Veranlassung gibt. Leider muß solche dann wieder der ohnehin Unglückliche tragen, zur Bestätigung des Sprichwortes: Wer den Schaden hat, hat das Gespött auch.

Dieser Fehler, daneben die bedeutende Ungleichheit der Jahre zwischen »Poldl« und seiner stattlichen Bäurin Barbara, ließen eben auch kein besonders segensreiches und erfreuliches Einvernehmen zwischen den beiden Ehehälften gedeihen und aufkommen. Damit aber ist nicht gesagt, daß sie sich beständig in den Haaren gelegen; nein, es gab im Gegenteil oft langhin recht stille, friedliche Zeiten, wo man kein ungeschaffenes Wort vernahm, weder aus Poldls noch aus Barbaras Munde. Freilich glichen diese Zeiten wohl mehr jenen grauen Herbsttagen, wo zwar kein krachendes Donnerwetter ausbricht, aber auch keine Minute lieblichen Sonnenscheines die hinwelkende Erde erfreut.

Zudem hatte Frau Barbara längst schon ihre Zuflucht zur Geistlichkeit genommen und befliß sich in Mienen und Gebärden, in Wort und Wandel größtmöglicher Gerechtigkeit.

Die böse Welt aber wollt' ihr's nicht recht glauben und die wenigen, die ihr's glaubten, meinten: Die Tischlerin möge nur schön fromm sein jetzt und ihren großen Jugendfehler in etwas abbüßen!

Ei, der Jugendfehler war freilich da ... ein munteres Knäblein, das eben jetzt schulgehen anfing, und zu dem der alte Poldl Vaterstelle vertrat.

Der Bube war des Alten herzinnige Freude; nicht nur, daß er demselben seinen Namen, Kozenberger, schenkte und ihn also zu seinem rechtmäßigen Erben machte, so erlaubte er ihm auch allerlei Unarten und Possen, als da waren, den Vater tüchtig am grauen Kopf zu schütteln, am Ohr und an der Nase zu zerren u. dgl. über des Buben Schalkheit, vorzüglich aber über dessen dabei bewiesene Kraft und Stärke konnte dann Poldl in die aufrichtigste, lauteste Fröhlichkeit geraten. Wenn dem Alten gleichwohl dabei nicht selten die Augen ein wenig vor Schmerz brichelten, konnte auch Frau Barbara eines geheimen Schmunzelns sich nicht erwehren. Gleich nachher mußte sie freilich nach ihrer geistlichen Weisung so dem Jungen wie dem Alten eine kurze Strafpredigt nebst einer eindringlichen Sittenlehre angedeihen lassen.

»Du alter Narr, machst aus dem Jungen einen rechten Bösewicht!« schalt sie, sich zum Bösetun zwingend.

»Tut nix, tut nix –«, lachte Poldl – »hat eine fromme Mutter, Mutter, die für ihn beten, beten und mit ihren Predigten den Bösewicht wieder bekehren, bekehren kann!«

So korrespondierten dann die Gatten ein Weilchen fort.

War aber das all dergleichen gänzlich unnötig. Der Bube war nämlich von Natur aus gar nicht bös geartet, nur durch des Alten Gewährung und läppische Nachsicht zuweilen ein wenig mutwillig. Doch auch darüber hat spätere Einsicht und seine gute Natur den Obsieg davongetragen. Es ist ein guter, herrlicher Mensch aus ihm geworden.

Poldl ist mittlerweile gestorben und auch seine schöne Bäuerin, trotz ihrer Jugend, hat ihn nicht sonderlich lang überlebt.

Der Junge hat noch bei Lebzeiten der Mutter das Gut übernommen und geheiratet.

Und siehe da, wer ist bald darauf angekommen?

Ach, sein Vater, sein rechter, wirklicher Vater, der einst verwegene Ausreißer und langjährige Landesflüchtling, der vielbeseufzte Felixen-Hansjörg! – Aber wie ist er gekommen? – Ach, arm, blutarm, ja noch mehr als arm: höchst elend und bedauerlich ist er gekommen, am halben Leibe gelähmt, halbtot!

Die Mutter mochte sich freilich entsetzt haben über solch schreckliche Veränderung ihres weiland Herzgeliebten. – Ha, sieh dort, die Wiesen hinab stäubt er – hinter ihm die fluchenden Schergen und wütend bissige Hunde. – Blut fließt so da als dort. Aber er entreißt sich, entkommt! – So stand sein Bild nachleuchtend vor ihrer Seele. Ach, und jetzt dieser Elende! diese Jammergestalt! – Es mag dieses Entsetzen auch ihr Herz gebrochen und bald darauf stillestehn gemacht haben! Aber der gute Sohn nahm den unglücklichen Vater auf mit offenen Armen, nährt ihn, atzt und putzt ihn, stopft ihm die Pfeife und läßt ihn als altes, geschwächtes Kind unter seinen eigenen kleinen Kindern schalten und walten, weben und leben, »so lange es Gott gefällt!«

*

Des braven Tischlerbauers schnurgerades visavis drüber der Gasse ist der kleine Schuster Jonikl.

Der Schuster hat erst vor kurzem sein altes, eingesunkenes Haus ganz niederreißen und sich aus klingtrockenen Baumstämmen vom gravitätischen Patichamer Zimmermeister und von seinen ditto ernsthaften Gesellen ein neues, frisches aufsetzen lassen.

Das neue Haus hebt sich nun in seiner blanken Holzhelle recht artig ab von dem dunklen Hintergrund der dicht mit Bäumen besetzten Hausleiten.

Das Fenster vor seiner »Schuhbrück« – so heißt bei uns sein und aller Schuhmacher Werkstätte – hat er sich des besseren Lichtes wegen als die andern größer machen, und an die Balken – bei uns »Liendel« genannt – hat sich der Meister seine Handwerkszeichen: Leisten, Schuh und Stiefel von unserem kunstreichen Dorfschreiner, Johann Ludwig, anmalen lassen, was uns Kindern der Neuheit wegen ganz außerordentlich wohlgefiel.

Interessante Leute waren noch im alten Hause die Bewohner des Hinterstübchens gewesen: ein uralter Mann in einer fast endlos lang schößigen dunklen »Tuchjoppe«, dafür aber so kurzen Kniehosen aus Leder, daß, wenn er an den Hüftteilen nebst Umgebung nur noch etwas zu verlieren gehabt hätte, er es unzweifelhaft müßte verloren haben!

So meinten nämlich wir Kinder, weil damals gerade die in den Schneiderjournalen denkwürdige Kleiderrevolution eingebrochen kam, wo sich plötzlich, wie auf ein tyrannisches Machtgebot, bei Männlich und Weiblich die Taille fast bis unter die Achseln verkürzen und dafür der ganze Unterleib um ebensoviel verlängern mußte.

Diese Revolution hat aber mein guter Alter im düsteren Hinterstübchen nicht mehr überleben können, daher ich auch nichts eigentlich Faktisches von ihm erzählen kann. Aber es ist das schade, sehr schade – für mein Buch nämlich –, denn ich weiß, daß von dem Alten etwas wie ein vergessenes Schauermärchen in der dunkelsten Tiefe meines Gedächtnisses begraben liegt.

> Er hat etwas getan,
> So schwer wie Leben und Tod,
> Doch weiß ich nicht mehr, wann,
> An wem, wie und wo! –

Jonikls altes sowie auch wieder das neue Haus litten aber an einem für ihn ebenso fatalen als für uns Kinder lustigen Erdübel. Es brach nämlich oft plötzlich, wenn auch die schönste trockenste Witterung herrschte, in dem Hintergemache, bei uns schlechtweg »Kammer« genannt und bestimmt, in seinen kühleren Räumen, besonders in dem kleinen, ausgemauerten Kellerchen, das sich gleichfalls gerne darin vorfand, den Küchenbedarf und all und jeglich, was mehr Kühle und Ruhe braucht, daselbst zu bergen und aufzubewahren – in dieser Kammer also brach öfter plötzlich, wie durch einen bösen Zauber, eine mächtige Quelle von schmutzigem, gelblichgrauem Wasser hervor.

Dieses tückische Wasser, eh' sie ihm dann im neuen Haus einen stets offenen Abzugskanal gewährten, hatte den armen Meister Jonikl mitsamt seinen Habseligkeiten oft förmlich inundiert. Dafür denke man sich aber die Freude der stets zahlreichen Dorfjugend, die nun jählings mitten im Orte ein lebendiges Bächlein hatte, in welchem sie herumplätschern und sich nach Herzenslust bespritzen und besudeln konnte!

Allein, jäh wieder einmal – da half weder unser Betrübnis noch Jonikls Frohlocken – wie der geheimnisvolle »Fluß«* gekommen, so war er auch wieder verschwunden. –

Ganz heimlich hielten es die Dorfleute, vielleicht auch die Schusterischen selbst, für eine Strafe Gottes, weil im Hause öfter viel ärgerlich Ding passierte, dazu jederzeit auch sündhaft stark geflucht wurde.

Mag sein: Gott straft die Sünde, das ist gewiß, und fragt uns niemals – wie?

*

---

* Anm. d. Verlegers.: Der »Fluß« bricht auch heute noch bei starken Regenfällen hervor.

Durch einen ziemlich hohen Zaun getrennt, und zwar ohne der gewöhnlichen nachbarlichen Verbindung, der »Stiegel« – was beinah' auf das nicht beste Verhältnis schließen läßt – steht auf einer kleinen Erdblähung mit tiefgrüner, samtweicher Grasdecke, die ein kleiner Wald von Zwetschkenbäumen und ein hoher, sonderlich überhangender Apfelbaum beschatten, – da steht ober einer gut geländerten Stiege als Auf- und Zugang dazu das alte, stark gebräunte, aber sauber getäfelte sogenannte freieigene Sieben- oder Siebengütlhaus. – Du Haus, so klein und unansehnlich, und doch, welche Fülle der schönsten und edelsten Erinnerungen birgst du für den Schreiber dieser Zeilen! – Das Warum muß ich mir aber als besonders guten Schlußstein für das Ende dieser Schilderung aufsparen, was mir der gütige Leser wohl auch erlauben wird.

Des Siebengütlers anderer Nachbar vorwärts ist der Halbsöldner, genannt zum »Andrämann«.

Dieses Haus ist mir wieder darum so besonders merkwürdig, weil es mir meine ersten zwei großen, erschütternden Lebens- oder vielmehr Erinnerungs-Momente geliefert hat.

Es muß meiner Erinnerung nach Herbst, vielleicht schon Spätherbst gewesen sein – ich und Andrämanns Röschen waren allein in ihrer Stube. Weiß Gott, was unsere Mütter, zwei besonders gute Freundinnen, beide außer Haus, wahrscheinlich auch zusammen, mußten zu tun gehabt haben, daß sie uns, mich und Röschen, zusammengegeben hatten, um uns gegenseitig die Zeit zu vertreiben?

Röschen und ich waren in völlig gleichem Alter. Wir konnten bereits lesen und lasen auch, die Köpfe zusammengesteckt, aus einem Geschichtenbuche. Ich weiß sogar noch den Titel der kleinen Erzählung, die wir gelesen hatten, er hieß: »Der sparsame Mann« und die Geschichte machte auf mich einen bleibenden Eindruck.

Der »sparsame Mann« nämlich, der aber von seinen Nachbarn, weil er nicht wie sie bei jeder Gelegenheit großtat und verwarf, für filzig und knauserig verschrien war, schenkte einem sammelnden Abbrändler mehr als das Doppelte, was dieser von jedem andern erhalten hatte.

Als der Beschenkte darauf nach der Danksagung dem edlen Geber seine Verwunderung darüber ausdrückte – höre, was sprach der sparsame Mann mit freundlichem Lächeln! Er sprach: »Weil ich in guter Zeit sparsamer bin als meine lustigen Nachbarn, eben darum kann ich in schlimmen Tagen mehr leiden und leisten als sie. Gott befohlen!«

Dann arbeitete er wieder schwer und angestrengt wie ein gedungener Löhner mitten unter seinen Knechten und Mägden.

Nach der Lesung aßen Röschen und ich dann gute »Rohrnudeln«, in Milch eingetunkt, und waren heut überhaupt recht froh und friedlich miteinander. Ich betone es darum, weil es sonst gerade nicht immer der Fall war. So erinnere ich mich nämlich ganz gut, daß ich vor nicht gar langer Zeit demselben Röschen mit meiner kleinen Faust eben nicht auf das sanfteste ins Gesicht gefahren war. Hatte mir aber auch das böse Dirnchen einen bereits angebissenen Apfel so mir nichts dir nichts vom Munde weg entreißen und abringen wollen.

»Warte, du Ziefer!« und damit hatte sie Eins. Wurde wohl ein wenig geflennt und geschrien, und damit sie wieder aufhöre und still sei, bekam das böse Mädchen auch meinen Apfel. Aber heute, wie gesagt, vertrugen wir uns recht friedlich und taten fast liebreich miteinander.

Und siehe! Nach einem so schönen Kindernachmittag in Röschens Haus und Stube, was geschieht nachts noch an demselben Tage in eben demselben Hause?

Ach hilf, du lieber, grundgütiger Himmel, hilf, hilf!

»Feuer, Feuer!« gellt und zetert es plötzlich auf der bereits totstillen Gasse. Und als wir die Augen und Läden aufreißen, steht Andrämanns Haus in heller, lohender Flamme.

Der Wind trägt auch gerade gegen unser eigenes Haus einen Hagel von Funken und Bränden, daß wir nur alle schnellmöglichst auslaufen mögen mit vollen »Schaffeln«, Zubern und Ampern, um uns selber zu retten.

Gut war's für den ersten Augenblick, daß zwischen uns und Andrämanns die ziemlich breite Bointwiese lag und besonders, daß die mächtigen, vor unserem Hause stehenden Birnbäume noch einiges Laub aufhatten und so den furchtbaren Gluthagel etwas abhielten.

»Feuer, Feuer!« ertönt indes noch immer zur Ermunterung der bereits Schlafenden der widerliche, markdurchschauernde Angstschrei. – Schwarze, ringende Gestalten rennen um die prasselnde Flamme. In einer derselben erkenne ich deutlich Röschen, das kleine, erst nachmittag noch so glückliche, liebe, lustige Röschen. – Ich wollte ihm in meiner Angst rufen oder zu Hilfe kommen – horch, da erschallt die Stimme des Vaters, der bereits mit einem schweren Zuber das Dach erstiegen hatte.

»Buben!« – rief er und sein Ruf war wieder so grelltönend, so erschreckend, wie ich solchen noch nie vom

Vater gehört hatte – »Buben!« – rief er – »lauft einer schnell zu Bruder Jakob, er soll mir zu Hilfe eilen, wir brennen sonst auch mit ab.«

»Marie!« – erscholl es nach einer andern Seite, und der Ruf klang fast noch schrecklicher – »Marie, jage das Vieh aus den Ställen und packe die besseren Sachen in die Leintücher, ich kann das Feuer nicht mehr abwehren!«

So rief der Vater voll Angst; da schoß ich auch von dannen, damit die größeren Brüder dem Vater helfen und Wasser zureichen könnten.

Ich schoß jetzt, selber bedroht, an dem ringenden Röschen und an dem Feuermeer unaufhaltsam vorüber, schnurstracks zu Vetter Jakob, dem großen, gewaltigen »Dimmel«. Aber der Vetter schoß ebenso schnell an mir und allem vorüber, um uns ungerufen beizuspringen.

Nu, und dazu war der Dimmel der Mann! Ganze Waschzuber und Bottiche voll Wasser strömte er mit seiner Riesenstärke und Größe erst über den längs der Hauswand aufgeschichteten Wid- und Holzscheiterstoß, der bereits hie und da zu »glosen« angefangen hatte, dann aber tat er seine Wunder auf der Dachung. Als wäre ein jäher Platzregen im Niedergehen, so goß und stürzte es von den Rinnen.

Nachbar Schuster, den unser Haus deckte, kam inzwischen auch anhergestiegen, mehrere aus dem Unterdorf herbeigeeilte Mägde und Weiber versahen die gießenden Männer fleißig und reichlich mit Wasser und so war endlich für unser Haus und Eigentum die Gefahr bewältigt.

Als Vetter Jakob vom Dache hernieder diese tröstliche Versicherung von sich gab, zugleich der Mutter, seiner allzeit geliebten Schwägerin, vom ferneren Einpacken ernstlich abriet, da wagte auch ich wieder den ersten freien Atemzug und getraute mir zugleich auch den ersten eigentlichen Hinblick in die wilde, fessellose Flamme.

Ho, die hatte bereits das Schindeldach, das Sparr- und Lattenwerk vollkommen verzehrt. Dadurch wie gestärkt und ermutigt, versuchte sie nun an dem gröberen Gebälk, an First- und Tragbäumen ihre verheerende Wut. Wie zum Hohne der Hilfeleistenden und Wehrenden züngelte sie aus allen Fenstern, Wandlöchern und Luken hervor, krachte dazu und schnalzte, knisterte und prasselte in wahrster, wildester Zerstörungslust –

»Denn die Elemente hassen

Das Gebild' von Menschenhand.«

In noch weit größerer Gefahr als wir befanden sich wegen ihrer fast ungetrennten Nähe die beiden Hafner und genossen, nebst der angestrengtesten, aufopferndsten Hilfeleistung, nur den Vorteil des glücklicherweise abgekehrt blasenden Windes.

Aber trotzdem wär' es vielleicht um sie und dann um das ganze mittlere Dorf geschehen gewesen, wenn nicht plötzlich eine andere, neue, ausgiebigere Hilfe angekommen wäre.

Diese neue, mächtige Hilfe war nicht etwa, wie Eins, und das mit Recht, meinen möchte, eine tüchtige Feuerspritze oder ein anderer natürlicher, guter und sicherer Flammendämpfer – Gott, nein – und Hut ab! – es war der geistliche Herr von Pramet, selbst angetan mit festlich kirchlichem Ornat und mit dem Sanktissimum im rotsamtenen, mit goldenen Borten und Fransen besetzten Mäntelchen – der war's!

Das Hochwürdigste in dieser würdigen Umhüllung erhob der fromme Gottesmann hoch über sein ehrwürdiges Haupt und schwenkte es dreimal gegen die wilde Flamme und besprach sie mit lautem, kräftigem Spruch. Und siehe da, die rasende Flamme, die just zuvor noch mit hundert Armen um sich gegriffen und alles errafft hatte, zog augenblicklich diese Arme bescheidentlich an sich, gipfelte sich hoch über dem Dachfirst als eine schöne Spitzsäule gen Himmel und ließ sich gleich darauf von unten fast willig bewältigen und zähmen.

Die Leute, die andächtig auf den Knien lagen, sahen alles mit staunenden, groß verwunderten Augen und würden es noch heute, wo es nötig wäre, gern und mit dem schwersten Eide bekräftigen und erhärten.

Der geistliche Herr verweilte noch geraume Zeit in stillem Gebete. Dann aber sprach er mit den Leuten, tröstete vor allem die Schwergetroffenen, ermahnte die Hilfreichen zu christlicher Geduld und Ausdauer in Bekämpfung und Bewachung des Feuers und dann entfernte er sich wieder, wie er gekommen, still und geräuschlos durch die stockdunkle Nacht dahin.

Das ist der eingangs erwähnten zwei großen, erschütternden Momente eines, aber der Zeit nach nicht das erste.

Was mich innerlich bedrängt und bestimmt haben mag, die chronologische Ordnung zu verlassen und das spätere früher zu erzählen, das mag mir Einer sagen, ich selbst weiß es nicht.

Sollte die lebhaftere Erinnerung an dieses, weil ich schon etwas größer, mein Herz des bleibenden Eindrucks schon fähiger – oder sollte das Andenken an Röschen, meine vielliebe Jugendgespielin, gewagt haben, sich fast ungebührlich vorzudrängen, oder – ?

Dies oder das, gleichviel! Der liebe Leser, um dessentwillen es aufgeschrieben wird, hat nur eine andere Perspektive, aber nichts verloren.

Es mußte gleich nach oder noch während des letzten großen, aber für uns schon siegreichen Franzosenkrieges gewesen sein, als auf einmal ins Dorf das Gerede kam: »In der Birg« – einem ganz in der Waldung versteckten großen Bauerngehöfte – seien mehrere feindliche Soldaten –was weiß ich – Deserteurs, Marodeurs oder wirkliches Raubgesindel, genug, Franzosen, Feinde! Die seien dort eingebrochen und säßen und wären bei Fraß und Suff, den sie dem »Birger« abgenötigt, ganz guter Dinge.

Diese Rede ging im Dorf.

Hans, auch der »damische«, d. i. ungestüme Hans genannt, von wegen seines leicht entzündlichen und dann in furchtbarer Gewalttätigkeit auflodernden Jähzornes so genannt, Hans, der Kleinsöldner Andrämann, hörte auch diese Rede.

Ein Weilchen schwieg er still, als er es gehört hatte, aber seine tiefen, kleinen Augen fingen an zu funkeln, und die Stirnader schwoll fingerdick gegen die Nasenwurzel nieder. Darauf ballte er die rechte Faust und indem er sie drohend gegen »die Birg« hinauf schwang, rief er:

»Freuts enk, ös walscheten Hund!«

Wieder nicht lange, rannte er mit seiner geladenen Hausbüchse durch das Dorf und nötigte noch etliche Männer, wahrscheinlich mit Drohung und Gewalt, daß sie mit ihm gingen und ihm »die walscheten Hund in der Birg erschlagen helfen möchten«.

»Wenn sie nur bei ihm wären«, – des besseren Ansehens, der größeren Bedrohlichkeit wegen – »machen wollte schon er allein!«

Zu dieser Rede dann die illustrierende Pantomime und die Männer getrauten sich keine Widerrede, keine abschlägige Antwort.

So ging bei einbrechender Dämmerung der Zug nach der Birg.

Die Burschen aber, die Franzosen meine ich, waren klug gewesen. Die Fensterläden nach der Gasse, daß niemand in die Stube sehen konnte, hatten sie zugezogen, Tür und Tor gut verschlossen und verriegelt.

Hans, als er das so vorfand, wollte schon wieder ergrimmen und einen schnellen Sturmlauf gegen einen der Torflügel oder, noch besser, gegen die alte Haustür wagen. – »Krachen, brechen und weichen muß etwas!« meinte Hans; wäre sicherlich auch so geschehen, aber die Andern ließen ihm's nicht gelten.

Einer, wohl gewiß nicht der Tapferste, aber der Klügste, Schlaueste von ihnen, riet Ruhe, gänzliches Stillsein und Achtsamkeit nach allen Ausgängen. Er wolle indes horchen und lauschen, ob doch die Franzosen wirklich in der Stube wären und noch von ihrer Anwesenheit nichts gemerkt hätten.

Wie eine Katze, sachte und auf leisesten Pfoten, schlich er von einem Fenster zum andern. Ha, durch eines traf ihn ein dünner Lichtstrahl.

Genug, wo Licht heraus, kann es auch hinein!

Und da war's wieder seine Katzennatur, die beliebig die Pupillen zu dehnen und zuzuspitzen vermag, so daß er alsbald ganz gut durch den kleinen Spalt in die Stube sehen konnte.

Dann den Kopf gegen Hansen, der ihm aus Ungeduld am nächsten war, zurückbiegend, lispelte er:

»Sind richtig drinnen! Aber mir scheint, sie haben schon Wind, denn sie schweigen und winken einander mit den Augen. – Machen wir uns lieber aus dem Staub!« Das war für Hansen das rechte Wort.

Wie ein gewaltiger Stoßgeier fuhr er auf die elende Katze, packte sie am haarigen Kragen, daß die Fußwurzeln vom Boden wegschnellten, und rannte damit als mit einem willkommenen Keil oder Mauerbrecher gegen die alte, morsche Haustür.

»Da mach dich aus dem Staub!« grollte Hans mit zorngepreßter Stimme und stieß ihn einige Male so ungestüm kräftig gegen das Gebälke, daß es krachend aus dem Gefüge wich und Trümmer und Mauerbrecher nach innen flogen.

Ho, jetzt wurd' es aber auch in der Stube lebendig!

Was beweglich war, Stühle, Vorbänke, Tisch und Schränke, hörte man zur Verbarrikadierung gegen die Stubentür wandern.

»Aufgemacht, gutwillig oder – !« schrie Hans mit schrecklicher Stimme und stieß dazu mit seinem Gewehrkolben an die Tür.

Nichts antwortete. Im Gegenteil – die Barrikade innen mußte fertig und gut sein – es herrschte wieder erwartungsvolle, tiefste Stille.

»Ich will euch gleich lebendig machen!« schrie Hans wieder, und mit einem donnernden Knall fuhr seine Kugel durch die obere Türtafel.

Aber in demselben Augenblicke antworteten auch schon mit noch entsetzlicherem Knall etliche Kugeln durch die Tür heraus, und – o weh! Hans wankte.

Die andern hatten sich klüglich beidseitig der Tür durch die Wand salviert.

»Getroffen!« stöhnte Hans und taumelte gegen die zertrümmerte Haustür, durch die seine Begleiter bereits Reißaus genommen hatten.

»Getroffen!« stöhnte Hans noch oft und immer schmerzlicher, bis er blutgetränkt die tiefer gelegene Wiese erreichte, wo seine Gesellen, hinter einem dichten Erlgebüsch versteckt, denn doch seiner gewartet hatten.

Sie brachten Hansen auch glücklich, d. h. noch lebend, zu den jammernden Seinen nach Hause. Hans lebte sogar noch einige qualvolle Tage, an welchen eben wir Kinder zwischen den größeren Leuten, zu recht innigem Entsetzen, uns auch an sein Schmerzenlager drängten; dann aber starb er an innerem Brand. Andrämanns Barbara, der Mutter unglückliche Freundin, war Witwe, Kleinröschen, die meine, eine arme Waise! – –

Allein, im Dorfe und auf der bäuerlichen Landschaft verdirbt man selbst durch so große, einschneidende Unglücke doch nicht.

Das Getroffene nimmt es als Schickung Gottes, weint und schluchzt sich wacker aus, trägt inniges innerliches Leid und strenge äußere Trauer, betet und bittet die Mittrauernden und Tröstenden um ihr heilsames Gebet; der gestörte Magen verlangt allmählich wieder sein Speisedeputat; der Hausbedarf fordert unerläßlich geschäftige Regung und –

»Zeit, Gebet und Arbeit
Lindert jedes Herzeleid.«

Andrämanns Barbara bekam erst durch die Mithilfe der ganzen Nachbarschaft wieder ein neues, viel schöneres Haus und dann, weil sie noch in gutem, rührigem Alter stand, auch einen neuen Eheherrn, der ganz das Widerspiel von ihrem ungestümen Hans, ein gar stiller, sanfter und fast hübscher Mann war.

Röschen hatte gleich nach dem Brand eine »Goten« (Patin) zu sich genommen. Dort erwuchs sie in kurzem zur schönen, stattlichen Jungfrau, die mich, den Studenten, noch immer freundlich anlächelte und gern vorübergehen sah.

Allein der Student hatte damals schon über seine Bücher hinaus einem – wie er meinte – noch viel schöneren Stadtjungfräulein in die Augen geblickt und hatte für Röschens Freundlichkeit gar kein rechtes Verständnis mehr.

So wächst sich der Wald zusammen,
So auseinander der Sinn,
Und Manches, was man verloren,
Verwandelt sich in Gewinn.

*

Des Andrämanns nächste Nachbarn, wie schon gesagt, waren die beiden Hafner, der Stolz-, d. i. Hoch- oder Höhen- und der Bruckhafner, so genannt von dem hinter ihm heraufIaufenden, gebruckten Hohlweg, die Melhartbauern-Reihe oder – Reibe geheißen.

Die beiden Häuschen samt Gerechtsamen besaß damals ein und dieselbe Familie, alt und jung.

Jakob, der Sohn, ein haspeliger Bursche von wenig Befähigung und noch weniger Geschäftskenntnis, war dazumal gerade auf Freiersfüßen.

Ei, die Füße bei Jakob waren gut, zwischen der schwarzledernen Kniehose und den bedeutend kurzen, fast übersparsamen Stiefelröhren strotzten unter den weißleinenen »Schnürlstrümpfen« ein paar tüchtige, kernhafte Waden hervor; ja, des Freiers Füße waren gut, aber das Freien ging schlecht. Jakob hatte nämlich ein unglückliches Mundwerk; er sprach wohl und meinte es ganz recht, aber es kam ungeschickt heraus. Die Mädchen konnten über seine ernsthaftesten Anträge nur lachen und ein Weilchen Scherz und Schelmerei mit ihm treiben. Ja Manche von überwiegender Schalkhaftigkeit und minder strengen Grundsätzen foppten Jakoben sogar Geld ab, ließen sich von ihm bewirten und zeigten ihm dann lachend den Rücken.

»Gelt, bo da Bierzeisel wäi dar recht, awa bo da Grüna da wars nix!« schimpfte dann Jakob, wenn ihm über die Täuschung die Zornader schwoll; aber, du lieber Gott, ein neues Gelächter, und zwar ein allgemeines, war sein Lohn.

Viele solcher und ähnlicher Sprüche und Redensarten vom Hafner Jakob waren in aller Volksmund und reichten bis zu uns Kindern herab. So mußte Jakob zu jeder Suppe sein »Pfefferstupp« haben, aber er nannte es komisch genug, stets Feffergupp, was in uns Kindern natürlich wieder große Heiterkeit erregte.

Dennoch lief Hafner-Jakob endlich glücklich ein in den Hafen der Eh' und ersproß ihm daraus ein blaßzartes, wunderholdes Töchterchen, das freilich wir größern Kinder eben dieser Zartheit wegen wieder nur »a, Hefnabööli«, das ist Hafnerbeerlein, nannten.

Auch Jakobs Vater, der alte Hafner, war ein höchst komischer Kauz und, aus dem Nachfolgenden zu schließen, auch kein Kirchenlicht. Der Alte hatte nämlich an der einen Hand einen Stummelfinger, und wie hatte er sich den erworben?

Ach, närrisch genug!

Der Alte war ein kurzer, fast zusammengedrückter Knirps. Schon das bringt auf die Vermutung, daß er sich besagten Stummel nicht selbst und absichtlich in seiner Jugend, wie das bei hübschen Burschen des Militärs wegen öfter geschieht, zubereitet hatte. Ei, Gott, nein! Er war schon alt, wie ihm das geschah.

Man denke, er führte mit seinem braunen Gäulchen vom nahen Walde, wo ein Tonlager ist, für ihre Werkstatt ein Wägelchen solcher Erdmasse nach Hause; bricht ihm aber beim Anfahren eines kleinen Bergleins ein Glied an der Strangkette – da standen sie, er und sein Gäulchen und sein Wägelchen auch dazu.

Was ist zu machen?

Gaul und Wägelchen natürlich wußten das nicht; aber – und da fängt der Unterschied an zwischen Roß und Mensch – aber ihm, dem alten Hafnermeister, fiel es nach einigem schwerem Nachsinnen glücklich ein:

»Da ist vor allem das gerissene Glied zu entfernen und die nächsten zwei ganzen guten durch einen eingezwängten Keil oder Kloben zu verbinden!«

Er sah sich um ein derbes Ding in seiner Nähe um. War aber keins zu sehen. – Hm, was braucht es da viel Umseherei und Umsucherei! Einen seiner Finger – biegsam und schmiegsam, wie sie wären – das steckt sich auch viel leichter hinein als starres, ungefüges Holz!

Gedacht, getan.

Die Eisenglieder der Kette waren durch seinen – versteht sich – stärksten und besten Finger in Verbindung gebracht – also Hi, Rößlein! Dazu mit der freien andern Hand einen festen Geißelhieb auf das »Bräundel« und – knack, lag der Finger wie abgeschnitten zu des erstaunten Hafners Füßen. – Nu, es war ja nur der Finger, von fünfen ein einziger! – Wäre die Kette größer gewesen, die Glieder weit genug, gewiß der edle Tondrechsler hätte auch seinen Arm, seinen Fuß, ja selbst seinen Kopf dareingesteckt, dann – wär' es schlimmer, bedauerlicher gewesen, so war und blieb es nur komisch, lächerlich!

Neben diesen zwei Meistern war in der Hafnerei noch ein drittes, für mich höchst memorables Individuum – der Gesell »Hansel«.

Es war das eine griesgrämige, blaßgrüne, fast spitzig und schneidig dürre Gestalt, welche die ganze Woche in ihren aufgedrehten Hemdärmeln und ihren tonknoppringen, grobleinenen, weißen Höschen an seiner Drehscheibe saß, unten mit den Füßen, obenher mit den Händen arbeitend.

Ach, diesem Hansel, diesem Hansel hätt' ich doch so gerne einmal recht lang und aufmerksam zusehen mögen!

Sehen und bewundern, wie er aus einem, mitten auf die Scheibe aufgesetzten Tonklumpen bald eine seichte, breite Schüssel, bald aber auch wieder einen Hafen von fast Armstiefe – so kunstreich und richtig! – weiß Gott wie, zustande brachte.

Aber wie gesagt, der Hansel war ein griesgrämiger, auch nicht mehr junger Bursche und litt es nicht, daß wir Kinder ihm lange zusahen.

»Aus'm Liacht!« schrie er jedesmal mit seiner heiserschrillen Stimme, wenn wir ein wenig durchs Fenster gucken wollten. Dazu schwang er jedesmal sein schlammignasses Formlederchen gegen uns und konnte das so boshaft geschickt, daß wir weghuschend gewiß alle an unsern Gesichtern zu wischen und zu waschen hatten.

Die Folge davon war, daß wir Buben immer neugieriger, sekanter und zudringlicher wurden, des Hansel Grämlichkeit und Bosheit aber uns immer weniger zu sehen und zu profitieren gestattete.

Wenn dann der Hansel recht lange und fleißig seine Scheibe gedreht hatte und der ganze Gartenhügel hintenaus vollgepfropft war von Stellagen mit allerhand Geschirr, daß es an der Sonne und im freien Luftzug trockne, da kam endlich ein Samstag, wo all das Geschirr in den großen Brennofen spazierte und sich in einem schrecklichen, fast höllischen Feuer »ausglühen« und »härten« lassen mußte.

Heisa, da stoben dann, wenn es Abend und Nacht geworden war, die hellen Funken durch den Rauchfang, daß es aussah, als schwärmten recht fleißige, leuchtende Bienen in einem großen Stock emsigst ab und zu.

Es war das für uns Kleine immer ein furchtbar schönes Schauspiel, und wir weilten an warmen Sommerabenden gewiß so lange auf der Gasse, bis der helle Ruf einer Mutter, der grelle Fingerpfiff eines Vaters unweigerlich zum Nachhause- und Schlafengehen gemahnte.

Am Sonntag dann saß der blaßgrüne Gesell Hansel, zwar auch noch blaßgrün, aber in seinem schönsten Feiertagsstaat auf der Sonnbank vor dem Hause, die Arme, daß sie besser ausruhen konnten, ineinander geschlungen und gemütlich sein Pfeifchen rauchend. Er war da sogar gesprächig und mitteilsam und hatt' es gerne, wenn sich die Vorübergehenden, gleichviel näheren oder fernern Nachbarsleute, ein Weilchen zu ihm setzten und ihm zuhörten.

Während Hansel so saß, kamen dann schöne, stattliche Bäuerinnen oder lustige, schäckernde Töchter und Dirnen, die aber daheim ernst waren und schon der inneren Hauswirtschaft und Küche vorzustehen hatten.

Alle grüßten den Hansel, ihren langjährigen Geschirr-Verfertiger, und referierten ihm über die Güte oder Ungüte seiner von ihnen letzterstandenen Ware. Das setzte dann allerlei Spaß und Kurzweil und gab Gelegenheit zu aller Art lustigen und witzigen Ein- und Ausfällen:

An Drög derfst vostehn,
Wanst a Hafner willst wern,
Awa der 'n vosteht, 'n Drög,
Den muß ma ehr'n.

trillerte in einer hellen Tanzmelodie eine mutwillige, glühende Brünette, als sie schon ein Stück Weges vom Hansel entfernt war.

Der nicht mehr junge Hansel aber, längst erfahren und immer auf solches und ähnliches gefaßt, pfeift mit seiner schrillen Stimme der schönen Schäkerin nach:

A Höfen, a z'klobns,
Und a Mensch, a vaschobns,
Wirft ma beide bald wög
Und g'hern ar aft zum Drög.

Diesen mehr gepfiffenen Gesang beschloß Hansel erst noch mit seinen bekannten paar Lachstößen, die, dem Geschrei des hungrigen Hühnergeiers nicht unähnlich, nie ihre Wirkung verfehlten. –

Die eben aus dem Geschirrladen heraustretenden Bäuerinnen, ihre gekauften Siebensachen an den Henkeln ins Nastuch zusammengefädelt und behutsam neben sich schwenkend, lachten laut auf über Hansels guten »Trumpf«, womit er die vorwitzige Dirne »überstochen« hatte, und der also Belobte war in seiner befriedigten Bosheit gewiß so glücklich, wie ein anderer von guter Gemütsart gewesen wäre, wenn ihm die schöne Schälkin zugerufen hätte: »Jörg, küsse mich!«

Ei, die Gustos sind verschieden.

Sieh, und sonderbar, wirklich sonderbar! muß ich zum Schlusse dieses Kapitelchens ausrufen, diesen fast lächerlichen Männern gegenüber stand die alte Hafnersfrau, ein Weib mit unverkennbaren Spuren dagewesener Schönheit und sonst auch ganz anders als sie.

Sie kümmerte sich auch gar nicht um das Treiben der Männer, lebte für sich still und abgeschlossen ihre Tage dahin, tat im Hause die notwendigen Handgriffe, nähte, strickte, spann und – ja, und – was konnte diese eigentümliche Frau noch weiter?

Lieber Leser, ich, dein unermüdlicher Dorfplauderer, habe die Ehre und das Glück, dich diesmal angenehm überraschen zu können! Denke dir, die alte Hafnersfrau konnte singen, sehr schön singen! – Darum das – sieh! und – sonderbar!

Sie sang zwar nicht mehr oft, weil sie alt geworden war, aber wenn meine Mutter, die damals noch in guten Tagen stand und auch singen konnte und gern sang, wenn die einmal zufällig oder genötigt zur alten Hafnerin kam, wo ich, der »Mutterbub«, dann gewiß auch nie fehlte, ach, da sangen die zwei Weiber, daß ja keines auf der Gasse draußen vorüberging, das nicht eine Weile stehen geblieben und voll Vergnügen zugehört hätte.

Mir aber ist es geradezu unvergeßlich! Und wie ich auch später verschiedene singende Damen gehört habe, die um teures Geld und unter donnerndem Applaus den Leuten im Konzertsaal und im Theater vorsangen, so schön singen, leider! habe ich nicht mehr hören können!

Ruhet sanft, ihr zwo Nachtigallen,
Ihr singet jetzt in Himmels Hallen,
Doch laßt es auf mein Erdenwallen
Noch öfter hell hernieder schallen!

*

Beidseitig den zwei Hafnern vis-a-vis sind die zwei Bauern, der Thurnbauer und der Melhartbauer.

Brave christliche Familien, tätige, rechtschaffene Leute, aber ohne besonderen Lebensinhalt.

Der alte Thurnbauer hatte zwar einen auffallenden, handschlenkerigen Gang und gelegentlich »ein spitzes Maul«, was jedoch die Dorfmänner nicht abhielt, vielleicht sogar anzog und bewog, Sonntags abendlich gern bei ihm einzusprechen und ein paar Stündchen zu verplaudern. – Ei, ein witziger Mensch verleiht der schalsten Alltäglichkeit wenigstens so viel Würze und Geschmack, daß sie genießbar wird. Und die damalige Dorfchronik bedurfte wahrhaftig einer solchen Würze.

Der Thurnbauer ist auch nur ein kleines Bäuerlein – wie überhaupt das ganze Dorf keinen besonders großen Grundbesitzer zählt – und da ist mir ein eben nicht ganz schlechter Spaß von ihm erinnerlich, der vorfiel, als die Sammlung – der rasche, joviale Pfarrer selbst an ihrer Spitze –für den neu zu erbauenden Pfarrturm auch bei ihm einsprach.

»Nu« – sagte der Pfarrer, eine imponierende, noch völlig jugendliche Gestalt – »wir wären da, dich halt auch um ein kleines Almosen zum Turmbau zu bitten!«

»Hm« – lächelte der Angesprochene mit aufgezogenen Mundwinkeln – »hm, bo mir haißts ah bon Thurnbau (Wortspiel: Thurnbauer und Turmbau); han fraten (voriges Jahr), a baut, bin owa doh um kain Almosen ganga! – D' Schnabelwaid' is halt go weni, meints Howürden!« fügte er, wie zur Entschuldigung seines Einwandes, bei.

»Die Schnabelwaid' wenig – da weiß ich Rat« – entgegnete der launige Pfarrer, der auch nicht leicht etwas schuldig blieb – »da gehst du halt Amerling fangen, die sind froh« – es war gerade harter Winter – »wenn sie wer speist, weil sie selbst nichts zu fressen finden!«

Das war für den Thurnbauer die rechte Sprache. Sogleich ging er an seinen Kasten und händigte wieder ganz demütig dem hochwürdigen Herrn das verlangte Almosen aus. –

Ganz im Gegensatz zu dem witzigen und spottsüchtigen Thurnbauer war Nachbar Melhartbauer eine schweigsame, fast trübsinnige Gestalt.

Er konnte natürlich auch reden, vielleicht auch lachen und lustig sein; ich erinnere mich aber nicht, das eine gehört, noch das andere jemals gesehen zu haben.

Der Mann war vermutlich dickblütig und schwarzgallicht, daher auch der mir schon damals auffällige dunkle Teint seiner Haut, die sich in heißer Sommerszeit geradezu schokoladebraun färbte und den Melhartbauer förmlich einer anderen Menschenrasse angehörig machte.

Ausnahmsweise von allen Dorfbauern hatte der Melhart die Gewohnheit, zur Feldarbeit hin und davon zurück auf seinem »Sattligen« zu reiten, und zwar ein wie das andere Mal »riderisch«, d. i. einseitig sitzend.

Seine Kinder, ein Sohn und drei Töchter, waren damals schon erwachsene Leute, nur die vierte, offenbar ein Spätling, ein stilles Mädchen mit kohlschwarzen, mehr nach innen glühenden Augen, ging noch mit mir in die Schule.

Ich hatte mit Ännchen damals nie sonderlich viel gemacht, das Mädchen, wie schon gesagt, war zu still, zu fromm und auch in der Schule nicht ausgezeichnet genug. Sieh, und dieses stillfromme Ännchen – aber ich war ein romantischer Tölpel, – hätte später bald die Aufgabe gehabt, und wie mir jetzt scheint, auch gern auf sich genommen, mir das holdeste Mysterion des paradiesischen Landlebens zu erschließen; aber ich war schon Poet und darum ein kleiner Tölpel.

Ich würde diese Tölpelei nicht so sehr beklagen, weniger hoch anschlagen, wenn sie – nicht die Ursache wäre, daß in meinen »ländlichen Gedichten« das ganze große Kapitel von erotischen Dämmerungen und Mondnächten mehr humoristisch schillernde »Dichtung« als rosenrote, lebenswarme »Wahrheit« geworden ist; ich würde – doch das nützt jetzt alles nichts mehr, aber was kann es schaden, wenn ich die kleine Episode einschalte und dem Leser meine Tölpelei erzähle?

»Franz«, sprach Müllers Sepp, auch ein Kamerad aus der Schulbubenzeit – er war ein schöner, rüstiger Bursche geworden – »Franz, gefällt dir denn gar keine von unseren Schulkamerädinnen, oder bist du zu stolz geworden, oder sind wirklich die Euren in der Stadt um soviel tausendmal schöner als die unsrigen hier? Franz, ich glaube, du irrst dich, und sage dir, geh einmal, nein, gleich heute, jetzt, mit mir!«

Es war ländlich-feierlicher Sonntagabend – die Sonne unter – das malerische Horn des wachsenden Mondes glänzend ins dunkelblaue Firmament hingezeichnet – vor uns schlenderte schäkernd und kichernd ein Trupp Mädchen.

»Geh' schneller«, mahnte Sepp und faßte mich am rechten Arm, »sieh diese an – noch hilft das Abendrot dem schwachen Mond leuchten – eine nach der andern, und die dir am besten gefällt – stoß mich nur mit dem Ellbogen! – Du mußt deinen Stolz ablegen und dein traumhäuptiges Wesen dazu!«

»Heisa, juhe, juhe!
Wäi i a hint nachi geh,
Kim nu bald gnua voran –
Das waißt schan.«

– sang Sepp mit frischer Stimme und juchzte dazu, daß es bis zum Wald hin hallte.

»Mag sein ein anderes Mal, heut aber nicht!« rief eines von den Mädchen auf Sepp zurück, und zu ihren Kameradinnen sprach sie auch laut, daß es Sepp hören konnte, wahrscheinlich hören sollte:

»Kommt, Mädchen, laufen wir, damit sie uns nicht nach können, die zwei hinten!«

Die Zwei hinten – ein freudiger Schreck fuhr mir durch die Glieder – die Zwei! Also die Mädchen hatten richtig mich auch gesehen und mitgezählt!

Aber schade, sie liefen uns wirklich davon!

Ich hatte mein »Schande!« laut gesprochen und wahrscheinlich auch mit der gehörigen Kläglichkeit intoniert, denn mir war jetzt im Ernste leid; etwas wie eine dunkle Sehnsucht, und wieder etwas wie eine unklare Ahnung hatte sich plötzlich in meiner Seele geboren und dies sollte durch die Flucht der Mädchen auch wieder plötzlich zunichte werden?

Unwillkürlich beflügelten sich meine Schritte.

Sepp aber – der sonderbare Bursche! – früher, wo es kaum nötig war, hatte er mich zur Eile getrieben, jetzt, wo periculum in mora, hielt er mich hellauf lachend zurück und sprach ebenso laut, daß die Mädchen es am Ende gar gehört hatten:

»Laß sie laufen, die ›Gschoßerln‹, wir sind froh, wann wir nichts damit zu tun haben!«

So sprach der entsetzliche Mensch und lachte wieder dazu aus vollem Halse.

Ich wollte auf Sepp ernstlich böse werden, denn die zwei hatten etwas in mir – aber was ist das? – Da seh' einmal ein Mensch die Anomalie der Menschennatur! – Die Mädchen hören auf seinen beleidigenden Nachruf nicht nur, wie von einem Zauberschlag getroffen, auf zu laufen, sondern gehen plötzlich mit flüsternd zusammengesteckten Köpfen so langsam, so sich eine nach der andern hindehnend, daß Sepp und ich, wenn wir nur wollten, in einigen Sätzen bei ihnen sein konnten.

Ich meinte auch, daß Sepp es so machen würde, denn ich war nun einmal unter seiner Führung und hatte keinen Willen.

I, Gott bewahre! rasche Sätze; stehen blieb jetzt der Unerklärbare, fest stehen und an mich tat er die befremdliche, seltsame Frage und wieder so laut, daß es die Mädchen hören mußten, die Frage:

»Also magst du wirklich nicht weiter mitgehen, Franz, ist's dir zu abgeschmackt? Gut, so kehre ich wieder um mit dir!«

Ich wollte protestieren. Er aber bedeutete – schweigen! Dann, die Augen nach den Mädchen gewandt, flüsterte der Schelm Sepp: »Sieh hin!«

Hm, sonderbar! Die Mädchen standen auch. Und jetzt merkte ich, daß alles nur so ländlich sittliches Manöver war.

Dann ging Sepp langsam gegen die Mädchen vorwärts und ich – natürlich – folgte ihm auf dem Fuße.

In der nächsten Minute standen wir bei ihnen. Und da gab es etwa nicht eine lange Erklärung, Auseinandersetzung, Entschuldigung oder überhaupt irgend eine Übereinkunft und Zeremonie, nein, nichts, gar nichts! Sepp faßte ohne Umstände ein paar Mädchen um die Mitte und lachend gegen mich rief er: »Nu, Franz, gefällt dir keine?«

Sonderbare Frage! Alle hätten mir gefallen – doch nein, nein, nein! – Zwei nachtschwarze, glühende Augen leuchteten mich an – die Inhaberin dieser wäre mir augenblicklich die liebste gewesen.

»Der Franz kennt uns nicht mehr«, sprachen die schwarzglühenden Augen, d. h. sie befahlen dem Mund so zu sprechen.

»Anna Zweimüller!« rief ich unwillkürlich nach dem Normale unseres einstweiligen Schulverzeichnisses. – »Ach, aber wie groß und – schön!« fügte ich scheu hinzu.

Anna lachte und reichte mir wie zum Gruße die Hand.

Aber sonderbar! Anna, die frommstille Anna, zog ihre Hand nicht wieder an sich, sie ließ sie im Gegenteil, als hätte sie darauf vergessen, in der meinigen liegen und so schlenderten wir selbander hinein ins wogende Meer des ausgegossenen Mondlichtes.

Wir hatten nicht viel gesprochen, das weiß ich noch, aber was selbst das wenige gewesen, das weiß ich nicht mehr!

Es ist mir auch, als wenn die Hände nicht immer in der ersten friedlichen Lagerung geblieben wären, aber es ist darum doch nicht der mindeste Krieg entstanden, das weiß ich.

Mir ist auch, als wenn ich Anna geküßt hätte, vielleicht verschiedene Male, aber weil ich mich gar keines Widerstandes, nicht der geringsten Rüge oder Drohung erinnere, so ist es vielleicht auch nicht wahr. – Wir hatten vielleicht aus längst vergangenen Schultagen uns etwas zuflüstern wollen, etwas, das die Andern nicht hätten hören sollen, und da haben die rosigen Lippen, vom Mondlicht getäuscht, statt zum Ohre sich wieder zur Lippe verirrt, im Vorüberflug die Wange bestreift – mein Gott, wer weiß es denn, wenn der Mond erst das Hörnlein bildet!

Doch sieh, auch das scheint wieder nicht wahr, nicht ganz so zu sein; denn:

»Franz« – sprach nach einer vielleicht schon nicht mehr kurzen Weile die Schwarzäugige – »wir müssen doch auf die andern warten!«

Warten? – Auf die andern? – Ich sah hinter mich. – Kein Mensch war zu sehen, kein Sepp, keine Mädchen – Anna, ich und der Mond, sonst niemand.

Da hätten ich und Anna auch nicht zu flüstern nötig gehabt. Aber wir bleiben nichtsdestoweniger auch nach dieser Beobachtung still und heimlich, traulich und allerliebst.

So kamen wir zu Annas Haus.

So standen wir an der Ecke des Stadels noch eine geraume Weile, da – jetzt wußt' ich es deutlich, weiß es auch jetzt noch – Anna hatte ihre Hand auf meine Schulter gelegt, ihre schwarzen Augen hatten sich vom Mondlicht ganz vollgeschöpft und glänzten wunderbar – ich sollte sie nur so schnell als möglich küssen, daß sie sich nicht gar entzünden, dann auch und wieder möglichst schnell die Wangen, die ebenfalls brannten, und sollten darüber die Lippen nicht aufhören zu glühen, auch die, auch die!

So kam mir eine innere, ungestüme Mahnung. Ich war mir des deutlich bewußt, darum weiß ich es auch jetzt noch ganz genau, da – kicherte es von der unteren Ecke des

Stadels herauf – Annas Hand zuckte weg von meinen Schultern, aus ihren Augen spritzten zwei lodernde Funken und fielen zur Erde, daß die tauigen Gräser darüber erknisterten.

»Zu spät!« seufzte Anna – es war ein gar wehmütiger Ton.

Einen Augenblick darauf stand ich allein im Geflirre des Mondlichtes und wußte nicht recht, was und wie mir geschehen.

Annas »zu spät!«, dieser erste Klageruf gegen mein Liebesgeschick, wiederholte sich dann noch oft, ja er schien typisch für mein ganzes Leben werden zu wollen. Und wer steht mir gut, daß jetzt das Bekenntnis desselben, d. i. die Veröffentlichung dieser »Geschichten«, nicht auch noch von demselben Rufe begleitet sein müsse?

> In allem, was ich getan
> Mit oder ohne Müh,
> War ich im Schlimmen zu früh,
> Im Guten zu spät daran.

*

Hinter dem Thurnbauer – schade, daß er ihn bei der ursprünglichen Dorfanlegung also hat verstellen und verbauen dürfen! – liegt die Sölde mit dem ganz geeigneten Namen: der Sonnbauer, ein Gütchen, so klein und unerträglich, daß dem Besitzer zu besserem Fortkommen die Webergerechtsame mußte dazugegeben werden.

Gleichwohl befanden sich die Leutchen, vorzüglich die Alten, gar nicht schlecht darauf und für mich war das Haus wieder eine wahre Fundgrube.

Man denke sich, ich sah da den ersten Webstuhl, dieses wunderbare Gerüst mit lauter beweglichen Armen und Füssen, sah durch die sich kreuzenden Leinfäden das behende Schifflein, bei uns die »Schütze« genannt, fliegen, hörte den taktischen, dumpfen »Schlag«, und – o Wunder über Wunder! – vor meinen staunenden Augen entstand ein langer, langer »Striezel Tuch«, wie man bei uns das fertige Stück Leinwand zu benennen pflegt.

Und das »Tuch« gehörte der Mutter, uns gehörte es, und ich, ich selbst hatte nicht den kleinsten Teil dazu den Winter über zwischen Schul- und Spielstunden mit eigenen Händen gesponnen! – Und die Mutter hatte mir erlaubt, ich durfte heut zum Sonnbauer gehen, nachschauen, wie es mit der Fertigung stehe, und wenn nicht gut, so sollte ich den Sonnbauer mahnen, in ihrem Namen mahnen und bitten, daß er bald darangehe, weil die Märzsonne schon so warm auf unsere »Bleichstatt« zu scheinen angefangen hätte!

»Auf die Woche« – sagte dann der webende Bauer, ohne seine »Schütze« ruhen zu lassen – »auf die Woche die ersten Tage! Ja, sag ich, ja!«

Und dann hätt' ich mit der Botschaft zufrieden sein und gehen sollen. Der Bauer sah sich nicht gern als Weber begafft. – Aber ich ging nicht. Ging nicht eher, als bis ich mich nicht an der wunderbaren Hantierung satt gesehen und bis in die innerste Seele darüber verwundert hatte.

»Willst du etwa gar ein Weber werden?« fragte dann der Vater, Spaß und Ernst beisammen, wenn ich spät und noch mit sichtbarer Verwunderung auf dem Gesichte nach Hause gekommen war.

Ach, da war dann wie mit einem bösen Zauberschlag wieder alle Bewunderung, alle innerliche Freude über der Menschen wundersames Schaffen und Tun verscheucht, unwiederbringlich dahin und verloren! Ach, ich hätte nur immer alles sehen, alles bewundern und wissen mögen, Aber selber tun – nichts; es selber werden, nein! Wie hätt' ich denn, wenn ich etwas tue, etwas bin, Zeit und Muße zur Erforschung und Erfahrung all des Übrigen rundherum? –

Vater, dein Bube mochte dir Kummer und Sorge genug gemacht haben! – –

Das webende Bäuerlein erfreute sich eines bedeutenden Kindersegens, den ihm seine alte Mutter mit unermüdlicher Sorgfalt hütete und pflegte, wofür sie aber – man soll's kaum glauben – den schlechtesten Dank erntete.

Man denke sich – freilich die beschränkte Lage des Sohnes einigermaßen als Entschuldigung und Milderung annehmend – aber man denke sich, der knopfige, hartherzige Mensch warf der inständig für ihn tätig gewesenen Mutter, kaum daß die Kinder ihren Armen entsprungen waren, unablässig ihr langes Leben vor.

»Heuer«, sprach der häßliche Mensch mit finsterem Gesichte und mit barscher, mürrischer Stimme, »heuer, Mutter, will ich dir deinen Auszug (Austrag) noch geben; aber merk dir's, es ist das letzte Mal. Darum richte dich wie alle anderen Leute« – der Unmensch deutete nach dem Friedhof zu Schildorn –, »du wirst mich wohl verstehen?«

Dann warf er der Alten, die über solche Rede schluchzte und weinte, das Geld und den Kornsack hin.

Aber Gott mißfällt solche Rede und der sie spricht, den straft er!

Die Alte wurde älter und älter, wurde siech und gebrechlich.

Die Alte hörte und sah nicht mehr. Die Alte fiel und stieß sich an, daß sie immer voll Wunden, voll Schundmal' und Beulen war, aber sie starb nicht.

Die Alte weinte darüber und bat Gott um ihr letztes Stündlein, aber Gott erhörte sie nicht. Sie wurde uralt, älter als alle Leute im Dorfe, älter als alle in der Pfarrgemeinde, ihre Haut verknöcherte, sie wurde eine wandelnde Mumie, ein rechter Kinderspott; aber sie lebte fort.

Wohl schon zwanzigmal hatte der harte Sohn seine Drohung mit immer geschärfterem Ernst an seine Mutter wiederholt, hatte sie wirklich in ihren rechtmäßigen Ansprüchen und Bezügen schon bis auf das Allernotwendigste, Äußerste beschränkt und reduziert, aber die Alte starb nicht.

»Gott hat mich vergessen!« jammerte sie; weinen konnte sie längst nicht mehr, der Tränenquell war mit allen anderen Säften versiegt und ausgetrocknet. – »Gott hat mich vergessen!« rief sie, die Hände ringend und in ihren wenigen grauen Haaren wühlend.

»Und der Teufel auch!« grinste der böse Sohn, der die von Gott Vergessene fast zu scheuen und zu fürchten angefangen hatte.

Ach, hätte die Unselige nicht andere gute Menschen gehabt, darunter an der Spitze meine Mutter, die ihr zuweilen die Fingernägel abschnitten, den Kopf kämmten und sie sonst ein wenig säuberten, sie hätte ein wahres Scheusal werden müssen.

So aber wurde sie's nicht, und als sich viele an der Verlassenen teils versündigt, teils gerechtfertigt hatten vor dem Herrn, schickte er eines Tages seinen Todesengel und gleich darauf scholl durch das ganze Dorf und weitum darüber hinaus die gleich einem Mirakel aufgenommene Kunde:

»Die alte Sonnbäuerin hat endlich sterben können!«

Als ich von da an nach gut dreißig Jahren wieder einmal in mein liebes Dorf kam, hieß es auf meine Erkundigungen unter anderem:

Auf dem Sonnbauergütchen hause jetzt der ältere Bub mit dem etwas strupierten Fuß, treibe als Hauptsache neben allerlei Handelschaft die Weberei, sei unverheiratet und so habsüchtig und neidisch, daß er seinen alten Vater fast verhungern lasse!

Ein tiefleises Schauern lief mir über meinen Rücken. Die zwei steinernen Gesetztafeln Moses' standen vor meinen Augen und es drängte mich schnurstracks aus dem Dorf nach dem Friedhof zu Schildorn, zum Grabe meiner guten, vielgeliebten Eltern.

Habt Frieden, Tote,
Und gießet ihn nieder
Auf mich, den verlassenen Pilger;
Mit jedem Frührote,
Allabendlich wieder
Ergießt ihn, den Kummervertilger!

So sprach ich, eine stille Träne zerdrückend, dann war mir wieder leicht ums Herz.

*

Und jetzt, lieber Leser, mußt du dich zu einem kleinen Wandel entschließen, ach, nur ein paar hundert Schritte weit, den durch Melhartbauers Holzhütte verengten Fahrweg hinan, an dessen sogenannter »Kugelstatt« vorüber und jetzt – ein wenig stehen geblieben – links geschaut!

Auf einem kleinen, sanften Erdbuckel mit einem wahren Samtteppich von dichtem, kurzem Gras bedeckt, in schönster, sorgfältigster Umfriedung erblickst du ein Haus, zwar gewöhnlicher Bauart: Wohnung, Stadel und Stallung unter einem Dache, aber überaus reinlich und in allen Teilen bestens betreut und sorgsamst überwacht.

Sogar ein Ziergärtlein voll Blumen – Gelbveiglein und Rittersporn, mit Rabatten von unermüdlichen Monatblümlein – und aromatischen Kräutern – Reseda und Rosmarin – fehlt dem Hause nicht.

Ganz vorn an der Front steht, einer vigilanten Schildwache gleich, ein hoher, schlanker Kirschbaum, den sich die goldgelbe Amsel extra zu ihrem Lieblingsaufenthalte ausersehen zu haben scheint. – Horch, wie sie schlägt: »Vogelvierhaus!« und sich selbst damit den wunderlichen Namen gibt. – Zu beiden Seiten des Baumes erblickst du Gebüsche von Ribis und Stachelbeeren, weiße und schwarze; ja, Muhme Korona, Vetter Jakobs unermüdliche, feinfühlige Ehehälfte, die hat sich mit ihres Mannes Erlaubnis und Mithilfe das alles gar schön hergerichtet.

Und nicht nur, daß Muhme Korona daran ihre stille Freude, ihr inniges Wohlgefallen hatte, nein, sie war auch freigebig damit und gegen andere Blumenfreunde jederzeit mitteilsam.

Samstag abends, wenn die Muhme mit der Gießkanne in ihrem »Prägarten« hantierte, kam gewiß immer das halbe junge Dorf und jedes erhielt für morgen ein schönes Sonntagsbüschlein, um es zum Kirchgang auf seinem Hute prangen zu lassen.

Vetter Jakob selbst mochte sich gern eine frische Rose oder ein schweres gefülltes Näglein hinter das Ohr stecken und hatt' es gern, wenn ihm dann und wann eines zurief: »Dimmel, laß mich doch ein wenig schmecken«!

Wenn dann das Beglückte seine Blumen lobte, konnte er seine Korona, die geschickte Blumenzüchterin, auch beloben, was dem Manne wieder Freude machte.

Auch dem Herrn Pfarrer, meinte Dimmel, ja dem Herrgott selbst müßte es angenehm sein, wenn er mit einem so schönen Wohlgeruche in die Kirche getreten kam.

Glückliche Einfalt des Landes, glaub es und es ist wirklich so!

Unmittelbar vor Vetter Jakobs Hause, etwas rechts von der Türe, stand dazumal ein alter, breiter Birnbaum von jener Gattung Frucht, die man bei uns ihrer Größe wegen »Pfundbirn« benennt, sowie innerhalb des Staketenzauns, der das Gärtlein einrahmte, etliche ebenfalls sehr alte, hochgipfelige Zwetschkenbäume, die vielleicht ihrer Höhe und sonnigen Lage wegen die besten Pflaumen im ganzen Dorfe lieferten.

Aber Vetter Jakob war wieder einmal gäh andern Sinnes und schlug alles, die Zwetschkenbäume, den Birn- und Kirschbaum, nieder, zerklob und verbrannte, was sonst nicht zu nützen war, und weiß Gott, wo das andere Nutzbare als »Eisstock« auf der Straße herumrutschen, als Holzschuh in Dorf und Stallung herumwandeln mußte!

An freier, freundlicher Lage, hatte sein Haus gewonnen aber um die, Bäume, meinten die vorübergehenden Leute, sei doch auch schade!

Ich konnte das auch sagen und könnte hier zugleich Gelegenheit nehmen, ein wenig sentimental zu werden, da ja im Schatten dieser Bäume, unter dem Schutze dieser Baumelfen die Wiege meines vortrefflichen Vaters gestanden; könnte sogar fragen und schmerzlich oder grollend beklagen, warum nicht auch die meine? Und wie, daß mein Vater, des Hauses Erstgeborener, so gut und nachgiebig gewesen, dem Jüngern sein Anrecht auf das Gütchen abzutreten und sich weiter unten im Dorf ein viel kleineres, mühsameres Besitztum einzuheiraten? – Das könnte ich, aber ich tue es nicht. Die Großeltern mußten es so gewollt und angeordnet haben und dem gehorsamen Sohn Johannes mußte es so recht sein. – Die Brüder lebten in Eintracht und Frieden und wir Kinder waren bald da, bald dort und hatten gleichsam eine Doppelheimat.

Die damals wohl schon alten, aber noch recht rüstigen Großeltern wohnten rückwärts im Hause, im sogenannten Austragstübchen, wo es wohl an regnichten Tagen ein wenig düster, aber sonst recht wohnlich aussah.

Der Großvater war im Dorfe der einzige Mann, der eine Tabakdose führte, und wenn ich mich erinnere, mit welcher gravitätischen Förmlichkeit er die Prise aus seiner Dose hervorhob und der stattlichen Nase zuführte, so muß ich fast glauben, daß sich der Mann auf diesen Luxus etwas eingebildet und zugute getan hatte.

Darum kannte er auch das sonst bei Schnupfern so gewöhnliche »Beliebt« gegen andere gar nicht. Er schnupfte, er allein!

Auch in seiner Rede war er wortkarg und kurz.

In der Jugend soll er hitzig und jähzornig gewesen sein, sogar gern und nicht selten dreingeschlagen haben.

Uns besuchte er äußerst selten, nur zu den allerheiligsten Zeiten, z. B. zum Christkind, und hatte dann für uns Buben etwas in seiner großen »Joppentasche«, wofür wir ihm die Hand küssen mußten.

Auch Vater und Mutter verhielten sich in völliger Submission gegen den einsilbigen Alten.

Unsererseits wurde ihm mit allem Besten aufgewartet, aber er nahm niemals auch nur etwas davon.

Er blieb auch nicht lange. – Dem Fortgehenden gaben Vater und Mutter das Geleit. –Wenn er fort war, war's, als wenn uns allen eine Fessel gesprungen wäre; aber Keins bekannte das, im Gegenteil, wir taten alle höchst vergnügt und waren fast stolz, daß der Großvater dagewesen war!

Die Großmutter kam gar nie, außer es verlangte ein jähes Familienereignis die weise und ratbewährte Alte.

Die war von Haus aus eine größere Bauerstochter gewesen und konnte es dem Großvater und uns allen nie vergessen, daß sie hatte kleiner werden müssen.

Sie hatte noch merkliche Spuren von Schönheit, die aber vielleicht schon frühzeitig besagte Bitterkeit verdunkelt haben mochte.

Erst mit uns Studenten trat sie in einigen nähern Verkehr und traktierte uns zur Ferienzeit zuweilen mit einer ganz eigenen Gattung »ausgedünsteter Nudel«, die ihr der Bruder Peter noch heute nicht vergessen kann. Er konnte auch besser als ich umspringen mit der trockenen alten Frau.

Den Großvater streifte im Walde ein von Jakob »geworfener« Baum derart, daß er in einigen Stunden darauf seinen Geist hat aufgeben müssen.
Die Großmutter überlebte ihn noch eine Weile. Aber wie es geht mit alten Leuten; einmal, als die Studenten wieder auf Vakanzen nach Hause gekommen waren, stand das Stübchen im Hinterhause zum »Dimmel« leer. Alles war still und öde – die edle Köchin war auch heimgegangen. – Im Friedhof zu Schildorn wies man uns einen kleinen Erdhügel und ein großes schwarzes Kreuz mit den drei weißen Buchstaben R. I. P. darauf.
Ein sorgenvolles, müh- und plagsames Leben war abgespielt – auch sie hatte nun Ruhe. – Amen!

*

Zweimüller

Thurnbauer

Zweimüller (rechts), links dahinter Thurnbauer

vulgo Thurnbäuerin

Dimmel

Schreiner

Sonnbauer

Schatzdorfer

Schatzdorfer

Schneiderjodl

Schneiderjodl

Müller Auszugshäusl

Langer

Mühle

Im Unterfeld

Schick (Mühlzurichter)

Das nächstnachbarliche Bäuerlein, genannt zum »Lippelwastl«, lag ganz in einem Obstbaumwald versteckt und fast so still und abgeschieden lebten auch seine Bewohner dahin.

Hans, der einzige Sohn, ein käsigblasser, gedunsener Bursche, hätte in seinen damaligen Flegeljahren wohl zuweilen gern ein wenig Lärm geschlagen, aber er tat's nicht:
Kein Courag'
In der Tasch',
Wenig Hirn, nicht viel Herz,
Das verdirbt Ernst und Scherz.

Umso lebhafter aber ging es bei dem mitten im heißen Mittagssonnenstrahl hingebreiteten Nachbar Tannenbauer zu. Da war ein Häuflein hübscher Kinder, ein paar davon schon groß und erwachsen, und auch die zwei Alten waren noch recht heitere, sorglose Leutchen.

Theres, die älteste Tochter, damals ein Mädchen in rosigster Fülle, hatte selbst den von ihrem großen Kaiser angesteckten, eroberungssüchtigen Herren Franzosen in die Augen gestochen, so daß sie sich vor ihnen da und dorthin verstecken und verbergen mußte.

*

Fast wie eine Fortsetzung vom »Tannenbauer« und nur durch eine imponierende Mistkrippe getrennt, stand der wieder viel kleinere Landlerbauer.

Sonderbare Leute! Der Mann eine kleine, dachsartige Figur, ein ungeheurer Filz und voll »bitzligen« Jähzorns, bereitete uns Kindern öfter ein wahres Entsetzen.

Wir jungen Köpfe wollten und konnten es immer gar nicht glauben und nun einmal nicht für möglich halten, daß die großen Kirschbäume oben in der wilden »Kornbrintleiten«, unter lauter Gestrüpp und anderen wilden Bäumen, eines Menschen ausschließliches Eigentum sein sollten.

Die Bäume hatten im April und Mai wieder herrlich geblüht und hingen auch richtig nach etlichen Wochen wieder voll roter und schwarzer, zwar kleiner, aber pikant lieblicher Waldkirschlein.

Wie Eichkätzchen kletterten wir auf den zähen Ästen herum und schmausten nach Herzenslust.

Hui, hui – ho, ho, ho, ho! – Da wetterte der kleine, dachsbeinige »Landler« querfeldein, seinen breiten Hut zwischen die Zähne gekniffen, in einem Saus daher.

»Diebsgesindel! Kleine Bagasch!« Und wehe dem, das nicht schnell genug, mehr herunterfiel als rutschte und kletterte – eine Faust voll Haare weniger, ein blutendes Ohr mehr, das war das wenigste, der schäumende Wüterich hätte auch eins gestoßen, getreten und gewürgt.

Aber wir entwischten ihm doch meistens alle glücklich. Das zornige »Vieh« hatte dann nur die Entschädigung, – einmal recht schelten und rasen zu dürfen.

Seine Bäuerin war ein stilles, fast scheues Weib. Sie tat niemandem etwas zuleide, ging in die Kirche, betete und arbeitete fleißig und doch – weiß Gott, wie und warum – galt sie für die Hexe des Dorfes.

Die anderen Weiber schlenderten und plauderten gesellig auf dem Kirchgange hin und zurück; sie mußte allein gehen, kein Mensch wollte mit ihr sein, mochte auch nur ein Wort mit ihr sprechen.

»Ach, die Landlerin!« hieß es, wenn sie einer so schlendernden Gruppe endlich doch nachkommen mußte – »die Landlerbäuerin! – Geht's, gehn wir geschwinder, oder wart's, ich nestle mir das Schuhriemlein auf und tu', als wenn es selbst aufgegangen wär', derweil muß sie vorüber!« – So sprach eine.

Die Landlerin konnte nun als erste oder letzte von der Kirche heimwandern, die vorderste oder hinterste dahin; zugleich mit ihr ging und kam niemand.

Wenn sie dann vorüber war oder durch Voreilen weit genug zurück, dann vergaßen die Weiber, was sie eben noch so emsig und gründlich mochten verhandelt und ausgeklügelt haben, und – :

»Hast du schon gehört« – frug eine die andere mit zugespitzten Lippen und lauernden Augen – »die Landlerin hat am Mittwoch dem Eierhändler Brettweg schon wieder für zwanzig Batzen Eier verkauft! Wir haben doch auch Hühner, junge und alte, und mehr als sie, aber – !«

»Ja« – sagt die andere – »und dem Peter zu Hub hat sie schon wieder drei ›Buschen‹ Garn hintangeben können!«

»Und dem Schmalzjuden Kaspar einen halben Zentner Schmalz« – fällt die dritte ein.

Zweite: »Wir spinnen doch auch!«

Dritte: »Wir melken doch auch die Küh'!«

Erste: »Aber hexen können wir nicht!«

Alle drei: »Nau! – gelt! – Nu, was denn!«

Die Landler-Bauernleute hatten ein paar Kinder, Sohn und Tochter, die offenbar unter dem Gewicht des allgemeinen Verdachtes erseufzten und verkümmern mußten.

*

An Nachbar Schreiner – zu dem uns jetzt unsere Ordnung führt – gehn wir lieber schnell vorüber. Es ist diese lohgelbe, ausgemergelte Gestalt ein höhnischer, nicht guter Mensch. Er hat auch seinem Hause keinen Segen hinterlassen. Sein ältester Sohn, ein braver Arbeiter, schnellte zwar anfangs das Geschäft nicht unbedeutend empor, wurde aber alsbald ein Säufer und unordentlicher Mensch und ist längst heimat- und obdachlos geworden.

Nicht wahr, mein lieber Begleiter, da sieht es fast ein wenig urweltlich aus. Kreuz und quer schneiden sich tiefe Hohlwege, die sämtlich auf das höher liegende Mitte- und Oberfeld hinausführen. Fast jedes Haus hier steht auf einem eigenen, abgesonderten Hügelchen.

Das dort rechterhand ist das Bäuerlein Schneiderjodl, ein ob des überreichen Kindersegens sorgenvoller, tiefsinniger Mann. Aber Kinder und Alte brave, verehrungswürdige Leute. Voll Liebe und mit rastloser Tätigkeit unterstützt eins das andere, und so bringen sie sich fort und es geht dennoch!

Trillernde Lerche, Marie, mit dem flachslichten Kopf und der rosenschimmerigen Wange, hättest bald mein Herz wachgesungen! Sei in der Erinnerung gegrüßt und freudig aufbewahrt, trillernde Lerche, Marie!

Hinter dem Schneiderjodl diesseits und jenseits des Weges stehen zwei Häusler – ehrlich, still, unbedeutend in Allem und Jedem.

Dafür kommt gleich dahinter ein wichtiger Mann, der Bauer Lidl, braver, geschätzter Obmann und Richter zu damaliger, vielbewegter Zeit.

Guter Mann, du hattest mit deinem Eifer, mit deiner Geltung und Beredsamkeit wohl manche drohende Feindesgefahr abgewendet und ferngehalten von unserem ohnehin glücklich versteckten Waldwinkel.

Habe Dank dafür!

Doch um dein Verdienst diesfalls zu würdigen, müßten meine Erinnerungen nicht die des Kindes sein; mir ist nur deine sonstige Erscheinung merkwürdig geblieben.

Ich habe dich zwar öfter im Rate der Männer das Wort führen – nicht gehört, nein, gesehen; denn was verstand das Kind von eurer Angelegenheit! Die lustigen Soldaten mit ihrem unverständlichen Gewäsch gefielen ihm. Ach, und erst die schweren, schimmernden Reiter! Euch machten sie Angst und Not, ihm Freude und Vergnügen. Das Vaterland mochte ächzen und seufzen; ihm lachte das Herz in immer buntem Wechsel der Dinge. – Glück der Jugend, Unwissenheit, sei gesegnet, du fülltest meine Seele mit unvergänglichem Bilderreichtum und Schmuck!

»Aber warte, du Spitzbube von Franzos', das sollst du mir nicht wieder tun!«

»Vater, hilf, Vater, der Franzos will mich schießen – Vater!«

Aber der Vater stand auch schon da und drohte dem Burschen. »Du Schlingel, du« – rief der Vater – »was hast du mir denn das Büblein zu schrecken, das dir nichts tut?«

»Ei – ein Spaß war's, eine mutwillige Schnacke ist's gewesen!« Der Franzose mochte schon lange nicht mehr geschossen haben, da wollte er versuchen, ob er doch noch gut zielen könnte!

Und da zielte er denn auf das Büblein und fuhr ihm mit seiner Muskete am Wang' nach, wie es eben mit seinem

»Eisstöcklein« den schmalen Schneepfad so über Tischlers Boint dahinlief; nu, und das Bübchen war ich.

Geschossen hätt' er nicht. Wie hätt' er denn sonst auf Vaters Verweis so herzlich lachen und das Büblein gleich darauf zu sich erheben und tüchtig abküssen gemocht; wie wären dann die anderen – doch Entschuldigung, lieber Leser, es ist verführerisch, wenn man so mit und dabei war, aber ich will gleich wieder vom Bauer Lidl erzählen!

Lidl war bei aller Energie, die er als Richter und Pfarrobmann entwickelt hatte, ein guter, sanfter, gehaltvoller Mann. Er hatte ein Weib, das vielleicht nicht zu den allerliebenswürdigsten zählte, doch hörte man nie von einem häuslichen Unfrieden. Seine Kinder, zwei Töchter und ein spätgeborenes, frisches Söhnlein, gehörten zu den eingezogensten und bravsten im Dorfe.

Lidls Güte und Sanftmut erstreckte sich herunter bis aufs »liebe Vieh«. Ja, wär' es möglich gewesen, daß schon damals, lang vor des Münchener Hofrats Perner glorreicher Erfindung, ein Mensch, Landmann und Waldbauer dazu, echt antitierquälerische Gesinnung gehabt und werktätig bewiesen hätte, traun, unserm Nachbar und Dorfinsassen Lidl gebührte die Ehre!

Ach, horch nur und höre!

Frühling ist's. Der wieder gezähmte Nordwind spielt als lustig mutwilliges Lüftchen mit dem vorjährigen, da und dort versteckten Laub und mit dem aufgetretenen und losgefahrenen Staub auf Wegen und Straßen. Die Felder sind trocken und kleiden sich in jenes bestimmte, dem Auge des Landmannes so wohlgefällige Grau. Es ist an der Zeit, die Sommersaat zu bestellen. Auch Lidl ist daran und eben auf seinem großen Ackerland im »Unterfeld« beschäftigt.

Er ist nur in Hemd und Kniehose gekleidet, und sein Kopf ist ganz ohne Bedeckung.

Seine zwei stattlichen »gescheckten« Ochsen, durch längere Winterruh ein wenig ans Faulenzen gewöhnt, wollen nicht recht Takt halten.

Es geht auch anderen (daneben Beschäftigten) mit ihrem »Man« (Zugvieh) nicht besser. Aber die fluchen und schelten auch wie böhmische Reiter, nützen die Geißel, die Giftigsten werfen mit Knollen, ja mit dem eisenbeschlagenen »Ackerreidel« selbst wie toll um sich.

Und was tut unser Lidl?

Ei, er wird auch laut, fast lauter als die andern, aber er ist nicht böse, nicht unwillig und ergrimmt. Er flucht nicht; im Gegenteile, er ruft »In Gottes Namen!« Er bittet seine Ochsen, »um Gottes willen« schleuniger, vernünftiger zu schreiten und sich und ihm die ohnehin genug beschwerliche Arbeit nicht noch mehr zu erschweren!

»Hi, Scheck!« ruft er – »Hi! So sei gescheit, Scheck! – Der Tausend! – in Gott'snam, wistaha!«

Dann aber geht der folgsame Ochse wieder zu sehr links und er ersucht ihn wieder mit derselben Höflichkeit, mit derselben freundlichen Dringlichkeit, mit unverändertem, mildem Tone, ja doch wieder ein wenig mehr »hott«, d. i. rechts, gehen zu wollen!

Wenn er dann auf diese Weise – wie nicht anders zu erwarten –ziemlich gut ans Ende des Ackers gekommen, erlaubte er seinen »Men« ein wenig Ruhe, belobte sie ihrer Folgsamkeit wegen, nannte sie seine »braven Schecken«, versprach ihnen zu Hause ein gutes Futter, ein gutes, kräftiges »Trank« und dann ging es wieder in »Gottsnam!« nach der andern Seite zu.

»Sieh« – sagten ironisch dazu lachend die Leute auf den andern Feldern, wenn sie das sahen – »sieh, der Lidl hält mit seinen Ochsen wieder Schul' und Predigt!«

Aber der Lidl machte sich nichts daraus aus ihrem Gespötte. Und wenn es Erntezeit geworden war, hatte er regelmäßig die gesegnetsten, schönsten Felder.

Es ist wohl das »Gottsnam« auch kein eigentlicher Felddünger, aber der Fluch ist es gewiß noch viel weniger!

*

Noch ein ähnlich braver, achtungswürdiger Mann ist Lidls durch allerlei Hügelgestaltung etwas entfernter Nachbar, der »Langer in der Leiten«.

Ich erinnere mich auch, daß dieser brave Mann dem Richter Lidl jedesmal getreulich zur Seite stand im großen Rate der Männer und ihn immer kräftigst unterstützte mit seiner gediegenen Erfahrenheit und gründlichen Situationskenntnis.

Das Langergut hat die gar allerschönste Lage im ganzen Dorfe. Fast kastellartig an den ziemlich jähen Rand eines tiefen Abhanges kühn hingestellt, erfreut es sich der weitesten, sonnigsten Aussicht.

Der Abhang seinerseits ist selbst wieder voll natürlichen Reizes. Vorne, wo er gereutet und bloßgelegt, wächst nämlich eine ganze Flur von mächtigem, malerischem Unkraut. So pranget da, womit wir Kinder im Herbste trotz des bedeutenden Kratzens einander die Haare zu kämmen pflegten, in üppigster Entfaltung jene seltsame Stechapfelstaude, ferner – der großen, waldartig gescharten Nessel nicht zu gedenken – eine Menge wilden Salbeis; dann die großblättrige Klette, in behaglichster Fülle ausgebreitet; welche Unterhaltung bot sie uns mutwilligen Buben einmal unter uns selbst und erst dann gegen die Mädchen, wenn wir sie ihnen an die Rauhteile ihrer Bekleidung warfen oder gar in ihre langen Haare eindrehen konnten!

Es setzte zwar meistens Streit unter uns und von seiten der Mädchen Tränen und Anklage, allein, das eben war die Lust.

Noch interessanter war aber die »Leiten«, wo sie noch urwüchsig, ja ich darf sagen – urweltlich dastand, und, weiß Gott warum, vom Langer auch damals so belassen wurde. Ich zwar, mit meinen gewöhnlich bloßen Füßen, hatte mich niemals hineingetraut in das Gestrüpp von wilden Reben und Hopfen, das sich an den verschiedenen Stauden und größeren Bäumen emporrankte und aufwand, so daß es die »Leiten« oft förmlich überdachte; aber die anderen Buben, meine Kameraden, die gar nicht zu ahnen schienen, daß man auch im Sommer anders als bloßfüßig gehen könnte, die erzählten mir Wunder über Wunder.

Und ich mußte das glauben, denn was brachten sie mir für allerlei Schneckenhäuser, was für sonderbare Beeren, welch' ganz andere Ruten und Gerten!

War das wunderbar genug, ich stellte es mir dann noch wunderbarer vor und das war der Lohn meiner Scheue, meiner Enthaltsamkeit.

Auf dem Langergute fiel lange Zeit nichts vor. Die Leutchen, Bauer und Bäuerin mitsamt ihren paar Kindern, lebten still und zurückgezogen in ihrem, auch nach außen vollkommen abgeschlossenen Gehöfte so ihr Leben dahin, daß man ihr Dasein kaum verspürte.

Endlich aber scholl eine Trauerkunde durch das Dorf.

Eines ihrer Mädchen, ein stets flinkes, rehartiges Geschöpfchen, hatte sich durch einen unglücklichen Sturz von der Leiter das eine Bein gebrochen.

Das war ein Schreck! Das war ein Jammer!

Bald darauf ging auch der alte Bader mit seinem Gehilfen schweigend und schnellen Schrittes durch das Dorf, um das Bein wieder einzurichten.

Wir Kinder alle und auch viele große Leute folgten mitleidsvoll, doch neugierig dem Bader auf dem Fuße.

Bald darauf hörten wir Käthchen schreien, schmerzlich schreien und wehklagen.

Unwillkürlich, wie geschrecktes Vieh, liefen wir Kinder von dannen, hierhin, dorthin, aber doch immer wieder zurück an Langers zugeriegeltes Tor.

Endlich war's still. Vom Hause innen gegen das Tor erschollen Schritte – wir stoben wieder auseinander.

Das Tor öffnet sich. Der Bader und sein Gehilfe treten heraus ins Freie. Die Bäuerin hatte den Beiden das Geleite gegeben. Sie sprach mit dem Bader, der mit dem Kopf nickte, aber sie mußte sich trotz seines Nickens mit dem Schürzenzipfel über die Augen fahren und wischen.

»Ist 's glücklich vorüber?« fragte eins von den großen Leuten. Er winkte wieder nur mit dem Kopfe und ging seines Weges.

Ach, vorüber war's freilich, aber nicht glücklich, nicht gut.

Nach einigen Wochen nämlich ging durch das Dorf ein zweiter Bader.

Derselbe hatte einen grünen, fadenscheinigen, sehr langen Rock, an dem beide Schöße lauter Taschen waren, abgefärbte lederne Kniehosen, über die Waden Strümpfe von etwas zweifelhafter Weiße, die ihrerseits wieder in zwei schlottrigen Stiefeln von gröbster Fasson staken. Auf dem Kopfe trug er über einer schmutzig-weißen Zipfelhaube einen alten Filz, der nur von dem Träger selbst übertroffen wurde. Am linken Arm hatte er, wie eine zu Markt gehende Köchin, einen großen Strohkorb, bei uns »Zögger« genannt, hangen. In der Rechten aber trug er eine junge, geschälte Eiche als Stütze und zugleich Waffe gegen irgendwelchen Anfall von Hund oder Mensch.

Die Leute zu beiden Seiten des Dorfes rissen die Fenster auf und lauteten einander zu:

»Der Bader zu Waldzell, der muß zu Langers Käthchen, mein Gott, mein Gott!«

Der letzte Aufruf – die Appellation an Gott – hatte aber seinen guten Grund.

Der vorbeschriebene Bader nämlich, der zu seinem Anzug noch ein rotes, triefäugiges Gesicht zeigte, war, wie jener berühmte Ritter, der Mann ohne Furcht, wenn auch nicht ohne Tadel. Der schnitt und stach und brach, daß es eine Freude war, nämlich für ihn, weil er sich dafür bezahlen ließ. Wenn du ihm seinen Korb mit Schmalz und Eiern, seine Taschen mit Brot, Selchfleisch und dergleichen gefüllt und noch ein paar Gröschlein in sein Beutelchen gegeben hättest, er hätte dir dafür Arm und Bein gebrochen, alle Zähne aus den beiden Kiefern gezogen, er hätte dir den Kopf ab- und das Herz herausgeschnitten und dann – versteht sich – wieder alles so gut als möglich geheilt und hergestellt.

Darum seufzten und schauderten die Leute, wenn sie ihn sahen oder gar haben mußten.

Nun, und der ging jetzt durchs Dorf zu Käthchen.

Das erste war, daß er ihr den Fuß, der freilich schlecht geheilt, scheel und völlig unbrauchbar war, von neuem brach.

Daß es krachte und mit einer wahren Zerstörungslust von des Andern »schlechter Arbeit«, wie er es nannte, warf er sich auf das wehe Bein und fing dann in dem Trümmerwerk seine eigene Arbeit an.

Ei, das ist leicht gesagt und leicht getan, aber das Arme, das es angeht!

Er richtete auch – der Wahrheit zur Steuer – das Bein Käthchens wieder leidlich her. Käthchen kam, wiewohl ein wenig hinkend, nach wieder etlichen Wochen sogar zum Gehen und ging, ging wieder auf das Feld und Sonntags in die Kirche, aber sie ging doch nicht mehr lange. Die Tortur und die gelittenen Schmerzen hatten den Lebenskern angegriffen, ihre Frische und Blüte kehrte nicht wieder, sie starb noch im vorjungfräulichen Alter.

Die Alten wurden noch stiller, noch zurückgezogener und starben endlich auch.

Das hübsche Langergut bekam Eva, die jüngere Tochter, eine hübsche, stille, sittsame Jungfrau.

Die suchte sich von anderswoher einen braven Burschen zum Mann. Auf der Stätte der Trauer begann ein neues, fröhliches und glückliches Leben.

> Die Blume blüht,
> welkt ab und dorrt,
> Dann treibt sie neu,
> so geht es fort.

*

Wenn ich oberhalb des Langergutes noch das baumumschattete Häuslein des lustigen Spielmanns Strauß, unterhalb, am Fuße des Abhanges aber, gleichsam als Mausefalle über das bis dahin friedlich murmelnde Bächlein aufgerichtet, die (damals) lumpige Mühle nenne, so sind wir mit unserem gemütlichen Spaziergang durch das eigentliche Dorf fertig.

Aber wie die Patrizier außerhalb des Burgfriedens der Städte an reizenden Punkten der Landschaft ihre Villen, oder eigentlicher und besser, wie die veralteten Feudalherren ihre lieben Söldner und Knechte mit dienstpflichtigen Lehen beschenkten, so bauten die besseren freien Bauern unserer Gegend, vielleicht für nicht untergebrachte Familienglieder, nähere und entferntere Verwandte, außerhalb des Dorfes kleine Häuschen, nur so zum notdürftigen Unterschlupf.

In der Folge der Zeit, wenn diese Glieder abgestorben und glücklicherweise keine neuen solchen mehr nachgewachsen waren, nistete sich in den verlassenen leeren Stätten das sonst vagabundierende Volk der Korbflechter, Häfenführer, Häfenbinder, Schleifer usw. ein, und mancher ausnahmsweise brave und sparsame Zugvogel wurde darin sogar seßhaft.

Nun, solche Stätten, »Zuhäuschen« genannt, besitzt denn auch das Dorf Piesenham.

Nu, und was würde mein geschäftiges Wiesweibchen, die unermüdliche Hausiererin, was die emsige Totenansagerin, das Grübenweiblein, was die redemächtige Strickerin am Bach, was die zwei Inwohner auf der Mühlparz, was würden die alle sagen, wenn ich sie in dieser meiner Schilderung mit gänzlichem, vornehmem Stillschweigen überginge?!

»Stundenlang bei uns dasitzen, mich um Märchen und mich um Tratsch und Neuigkeiten tribulieren«, würden die Strickerin und Hausiererin sagen, »und dann, wie er schon größer und ein gespreiztes Herrlein geworden, mit unsern Töchtern plaudern und liebeln, das hat er mögen« – würden dann beide zusammen ausrufen – »aber unser erwähnen, weil wir nur »schlechte« (arme) Leute sind, das mag er nicht – nu, warte, wenn du wiederkommst!«

So würden sie sagen, nicht ganz mit Unrecht so sagen, aber sie sollen's nicht. Bei Gott, nein, ich will kein Undankbarer sein, denn ich habe in ihren dumpfen, dämmerigen Stuben wahrhaft unvergeßliche Stunden zugebracht. Der Vater zwar mocht' es nicht, er war ein zu korrekter Mann und hat den Buben sogar einmal ordentlich mit frischen Tannenreisern herausgegeißelt und heimgeleuchtet; aber er wußt' es ja auch nicht, daß ich meine dortigen Erfahrungen und Erlebnisse dermaleinst brauchen sollte, brauchen könnte.

Häuschen am Bach, du sollst in den nachfolgenden Blättern deine Geschichte finden, jawohl, du Häuschen am Bach! Eine wenn auch nicht sehr schöne, doch lehrreiche Geschichte, für diese Einleitung hier zu groß und umfangreich, zu drastisch und ponderös!

Zurückkehrend, von wo wir zu Anfang dieses Kapitelchens ausgegangen, zum lustigen Spielmann Strauß, so ist weiter nicht viel von ihm zu erzählen.

Er war einer von den drei Brüdern, die von ihrem väterlichen Hause, genannt »in der Wiege«, allgemein die

»Wiegengeiger« hießen. Sie waren zu damaliger Zeit die besten, gesuchtesten Spielleute und alles drehte sich geraume Zeit nach ihrer Geige.

Strauß-Hiesel war ein leichtsinniger, arbeitsscheuer, dem Trunke und den damit verbundenen Lastern ergebener Mensch.

Weil er noch jünger und in floribus war, wußt' er sich vor Übermut nicht zu fassen. Wenn er oft spät nachts oder schon morgens von einer Geigenarbeit nach Hause taumelte, da beunruhigte er nicht etwa bloß die Seinen, ein abgequältes, halbverrücktes Weib und zwei mißhandelte, verwahrloste Kinder – ach, das wäre zu wenig gewesen! –, das ganze Dorf mußte von dem Trunkenbold alarmiert und beunruhigt werden.

»Jonikl, tanz dazu!« schrie er mit heiserer Stimme am Hause des kleinen Schusters und geigte ein Stückchen, das zu anderer Zeit nicht zu verachten gewesen wäre. Zu seinem Geschrei und Geigen akkompagnierten und rebellten die bereits aufgelärmten Kettenhunde des ganzen unteren Dorfes; und so ging's, bis er nach Hause kam, wo er dann die Seinen malträtierte, bis endlich doch natürliche Ohnmacht und Schlaf dem Skandal ein Ende machten.

So vergingen viele Jahre.

Hiesels Weib nahm endlich der Tod. Sein Haus wurde verkauft, die Kinder zerstäubt. Er selbst verband sich mit seiner alten Rabs. Die spannte ihn, als es mit der Geige schlechter geworden war und weil er ihr Metier, das Korbflechten, nicht erlernen konnte oder mochte, vor ihr Wägelchen und fuhr mit ihm, ihre Ware verhausierend, durch die weite Welt.

Das tyrannische Weib nannte ihn darum nur ihren »alten Esel«.

Die Leute lachten zwar über den kecken Spaß des Weibes, aber wie sie hinsahen auf den Mann, schauderten sie, denn – bei Gott! er war grau, geduldig und genügsam geworden, wie – ein Esel.

*

Die damaligen Müllersleute – vom Mannesstamme weiß Gott woher und von wannen? denn der Müller behauptete, nicht wie sie in der Schule schreiben müßten – Schick, sondern Schik hießen sie eigentlich – waren ein leichtsinniges, wunderbar harmloses Völklein. Seine Äcker in allen drei Feldern sahen zwischen den anderen, gesunden, üppigen aus wie arme, kranke Stief- und Waisenkinder. Schon von weitem erweckten sie das Mitleid der Vorübergehenden.

Den Äckern ganz gleich waren seine Wiesen: versumpfter Grund ohne Abzuggräben darin, ohne nährende Zutat darauf, gaben sie eine nur spärliche Fechsung von zähem, saurem Futter, das sich seine elenden Rößlein und mageren paar Kühlein lieber aus dem versäuerten, schmutzigen Barren als Streu unter die Füße warfen denn fraßen, instinktmäßig lieber hungerten, denn sich Psalter und Laab verdarben.

Ganz anders aber als Grund und Vieh war das Müllervölklein selbst, völlig wohlgenährt und leidlich gut aussehend.

Wer sich darüber verwundern möchte und da fragen: Wie das? der ist ein schlechter Kenner vom Mühlgeschäft und überdies eine unschuldige, grundehrliche Seele. Soll ihm aber gleichwohl von uns das interessante Rätsel doch nicht aufgelöst werden, damit er den Engel abstreife und Mensch mit uns Menschen werde, d. h. für die Welt nützlich und brauchbar werde, wie wir es geworden sind.

Ach, es ist nun einmal nicht anders: seit Adams Fall müssen wir alle fallen, damit wir uns selbst wieder erheben und in dieser Erhebung unsere Rechtfertigung finden.

Die Mühle hatte Türen und Tor wie andere Gehöfte, wäre auch, wie die der Andern, nachts abzuschließen und zu sperren gewesen. Das geschah aber selten oder gar nie. Und wenn es auch geschehen wäre, genützt hätt' es dennoch wenig oder nichts. War doch die übrige Verschalung stets so locker und lückenhaft, daß, wer eingehen wollte, es nur auch gleich mochte.

Es war das aber nur das sprechende Zeichen der innen herrschenden Gastfreundschaft. Gesindel, das sonst nirgends Unterkunft gefunden, beherbergte ohne Widerrede der Müller.

Aber sieh, trotz dieser ausgedehnten Gastfreundschaft geschah es denn doch, daß der Müller frühmorgens einmal die Gasse herab durch das Dorf gelaufen kam – es war für Alt und Jung, Groß und Klein ein herzzerreißender, erschütternder Anblick! – die Hände – was ich wohl bei übergroßem Leid, bei entsetzlichem Geschehnis schon gehört, aber bis dahin und auch seitdem nie gesehen hatte – beide seine Hände hatte der kleine, sonst drollige Mann über dem Kopf zusammengeschlagen, als wollt' er sich von dessen Vorhandensein überzeugen oder sein Davonlaufen verhindern, und schrie in schmerzlichster Wehklage nur immer:

»Aus ist's, aus ist's, ganz aus!«

Die Leute rissen die Fenster auf, schossen heraus zu Tür und Tor und fragten voll Mitleid und aufrichtiger Bekümmernis:

»Was denn, Müller, was denn?«

Aber der Unglückliche lief nur um so eiliger und schrie um so heftiger:

»Aus ist's, aus ist's, ganz aus!« Seine ihm nachlaufenden, auch wehklagenden Hausleute gaben erst im Vorüberflug die Aufklärung:

»Es waren heute Nacht bei wieder einmal unversperrter Stalltüre seine beiden Rößlein gestohlen und weggetrieben worden!«

Was nur gesunde Füße und im geringsten Zeit und Muße hatte, lief auch aus und half dem unglücklichen Müller suchen, aber all umsonst – Ross' und Roßdieb waren wie verschwunden!

Müllers Felder mußten die Nachbarn bestellen. Sie taten es auch ungebeten und siehe da, heuer zum ersten Male seit seiner Wirtschaft machte er eine bessere, recht erträgliche Ernte.

Um den Ertrag derselben holte er vom »Landel« (Hausruckviertel) herüber ein paar dunkelbraune Eselein und seine Wirtschaft ging wenigstens wieder wie früher.

Nebst Weib und Kinder fütterte der Müller noch einen Bruder, einen verzwergten, schlecht aussehenden Faulenzer, der wohl nicht arbeiten mochte, aber allerlei Künstelei trieb. So verstand er z. B., aus dem Halme der Kornähre Pfeifchen zu schneiden, auf denen er mit wunderlichstem Getön die schönsten »Tänze« spielte und abends nach dem »Kornfeldbeten« Alt und Jung unterhielt und ergötzte.

Ferner fütterte der gutmütige Müller eine Schwester, die »schwarze Liesel« genannt, eine faule Dirne, die sich gäh einmal mit Vagabunden verlor und nie wieder ins Dorf zurückkehrte.

Endlich ein Mühljung, braver Arbeiter, aber sehr zweideutigen Rufes, beschloß den persönlichen Hausstand im zerlumpten Mühlchen zu Piesenham.

Die Alten starben, der darauf folgende Junge verdarb an seinen und den Vorsünden des Alten, und die Familie stob auseinander.

Und jetzt – ja ich fühl' es, erquicklich und heilsam wäre es jetzt, nach solchen Enthüllungen von Geschichten und Menschenschicksalen am murmelnden Bächlein entlang zu wandeln und an einer recht traulichen Stelle, wo kühles Buschwerk und eine Saat von duftigen Vergißmeinnicht um den Vorrang streiten, hinzusinken auf den samtweichen, smaragdenen Rasenteppich, die volle Brust und den Kopf auszuschütteln von all dem Gedachten und Empfundenen und frisch anzufüllen von dem Gesang der Vögel, dem Duft der Kräuter und Blumen, dem geheimen Weben und Leben der leidenschaftslosen heiligen Natur – aequum et justum et salutare, sane! atqui wir müssen doch früher und unaufgehalten zurück auf noch ein paar menschlich bewegte Augenblicke – zum stillen »Siebengütl«, das ich mit Erlaubnis des Lesers anfangs unseres Spazierganges zum besseren Abschluß des Ganzen habe übergehen dürfen.

Muse, hilf!

Hui hi! –

Sieh, wir sind schon zur Stelle.

Auf diesem unbedeutenden, aber fast schmuck aussehenden, weiß Gott warum »Siebengütl« geheißenen und im gerichtlichen Grundbuch als »freieigen« eingetragenen Hause saß dazumal der ehr- und tugendsame Meister Johannes mit seinem vielgeliebten Gegenteil Maria, einem niedlichen, äußerst rührigen, lebensfrohen Weibchen. Drei muntere Buben mit lichten Köpfchen von außen und innen vermehrten die Freude wie auch die Sorge ihrer ehelichen Verbindung.

Das bescheidene »Siebengütl«, das wohl in seiner Eigenschaft »freieigen« kein Mortuar und kein Laudemium bei Kauf und Übergabe zu entrichten hatte, erfreute sich aber zur Zeit eines nur so kleinen Grundbesitzes, daß die Erhaltung der Familie fast einzig der Betriebsamkeit des Familien-Oberhauptes anheim gegeben war. Und da war es denn recht gut und eine weitere löbliche Eigenschaft dieses »freieigenen Siebengütls«, daß darauf zwei verschiedene Handwerksgerechtsame ruhten, die oder doch deren eine immer gewissenhaft und fleißig ausgeübt wurde.

Das mag denn auch der Grund gewesen sein, warum zwischen Meister Johannes und Nachbar Schuster die sonst übliche gutnachbarliche »Stiegel« nicht war angebracht worden.

Meister Johannes mußte es aber verstanden haben, auch außer seinem Gewerbe Profit zu machen.

Es war das bei damaligen »Franzosenzeiten« einem betriebsamen, umsichtigen Manne auch ganz wohl möglich.

Der leichtsinnige, von heut auf morgen lebende französische Soldat lohnte jeden Dienst auf das freigebigste und hätte auch sonst die damals schon tief in Mißkredit liegenden österreichischen Bankozettel ohnehin lieber – weggeworfen.

Was ließ sich da durch Kauf und Tausch und gelegentliche Dienstleistung erwerben und gewinnen!

Und das mußte unser Meister Johannes denn auch verstanden und wohl zu benützen gewußt haben. Denn nicht nur, daß ihm sein Bruder Jakob und mehrere andere Schwerwirtschafter beständig größere und kleinere Geldbeträge schuldeten, so ließ der Mann, als seine Buben heranwuchsen, noch überdies alle drei nacheinander studieren. Das war schon kein kleines Stück mehr, ja bei der Ungewöhnlichkeit im damaligen Zeitpunkt geradezu eine Außerordentlichkeit.

Natürlich glossierten die Dörfler, ja ich darf sagen die ganze Pfarrgemeinde, über Johannes' »allzu hoch« hinausgehende Pläne; und Mancher nahm es ihm ernstlich übel, da vielleicht gar ein oder der andere seiner Buben, vom geistlichen Stand abspringend, dann ein »Bauernschinder« (so nannten sie damals den Beamten) werden könnte! –

Welche Opfer, sowohl des Herzens als des Beutels, es dem Mann kostete, die geliebten Kinder nach der weit entlegenen Stadt Salzburg zu führen und dort unter ganz fremden, herrischen Leuten zu lassen, das wußten die guten Gemeindler freilich nicht und Meister Johannes war so klug, es niemandem zu sagen, viel weniger vorzuklagen. Nur wenn die Sehnsucht recht groß geworden war und wenn eben im Kalender auch ein paar rote Tage standen, steckte er rasch den Beutel in die Tasche, nahm den Stecken in die Faust und pilgerte raschen Ganges, gleichviel durch Schneegestöber oder Staubwolken, zu seinen Kindern nach der fernen Stadt.

Da sah er sie, hörte sie aus, fragte hier und dort nach, beglich dies und das, und wenn es geschehen war, konnte Johannes wieder trostreich scheiden, unverdrossen arbeiten, mutig sparen, kargen und darben, ach, alles den Kindern zulieb.

Allein – der Mensch denkt, Gott lenkt! – es ging dem guten Manne zu seinem innigen Herzeleid sowie zur großen Befriedigung seiner vielen Mißgönner mit seinen Söhnen doch nicht nach Sinn und Wunsch.

Er hätte sich – meinten die nächsten Nachbarsleute – wohl schon gleich anfangs ein wenig mit und wegen seiner

Buben versündigt, weil der seltsame, viel hoffend' und verlangende Mann deren jedesmalige Geburt durch einen donnernden Knall aus seiner Hausbüchse so gleichsam der Welt als ein außerordentliches Ereignis angekündigt – ja, was willst du? – einmal gar einen jubilanten Doppelschuß losgelassen hätte! – Andere Leute – meinten sie ferner – hätten auch Kinder, Dirnlein und Buben, wenn auch nicht gerade paarweis auf einmal, hätten dieselben auch lieb, von Herzen lieb wie er, aber – ! Dann schwiegen sie, verdrehten fromm die Augen, und darum – meinten sie schließlich und winkten einander beifällig zu – darum wär' es so ganz unrecht nicht, daß Johannes am Ende an seinen Buben – gar zu hoch geht immer ins Leere! – doch keine rechte Freude, kein rechtes Glück hätte erleben können!

So sagten die Gemeindler. Und an mir ist es, nun rundheraus und kurzweg zu erklären, wie daß einer, der mittlere Bube, Johannessen gleich anfangs wieder ausgesprungen sei, dafür sein mühsames Handwerk erlernt, später Haus und Geschäft übernommen und die Alten ziemlich knapp und unfreundlich gehalten habe; ferner, daß die anderen zwei wohl bei der »Studie« verblieben, aber doch auch keine rechten majestätischen Kanzlei – geschweige denn geistliche Herren aus denselben erblühet wären; und endlich, daß aus dem jüngsten, dem mit dem »damischen Konzept« – trotz langen vierzehn Jahren, auf niederer und hoher Schule zugebracht, schließlich – Gott erbarm's! – doch gar nichts geworden sei.

Gar nichts?

Nein, lieber Begleiter, gar nichts!

Müßte nur sein, daß der Verfertiger einer Unzahl lustiger und trauriger Lieder und Geschichten sowie – der

untertänigste Schreiber dieser schlichten Zeilen und der süßwehmütigen Erinnerungsblätter auch etwas wäre? –
Ja, dann –!

※※※

Arbeitsskizze
des Photographen Gerhard Trumler

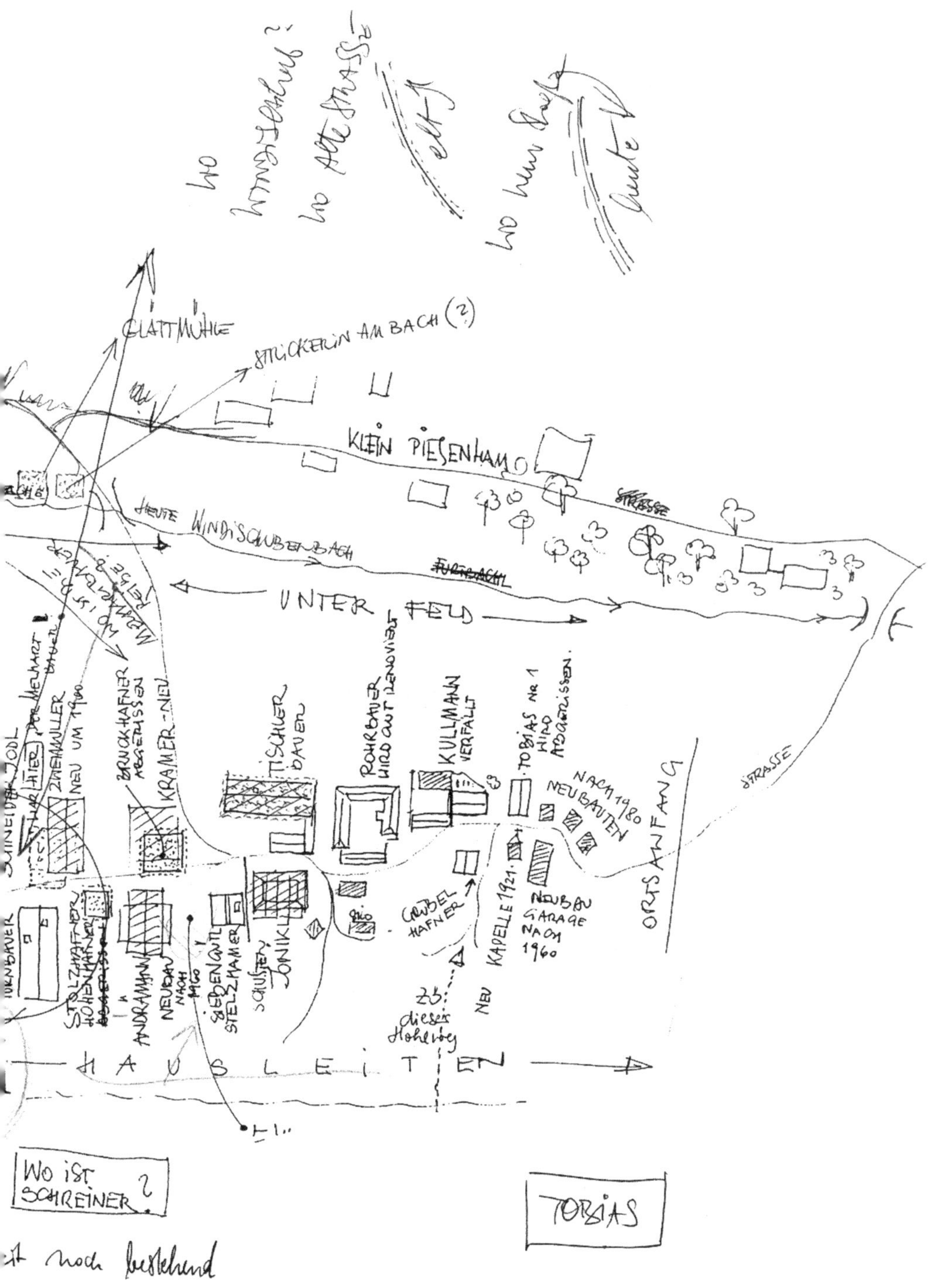

*publication PN°*1
Bibliothek der Provinz

Verlag für Literatur, Kunst und Musikalien